Rolf Krenzer

Das große Buch von den kleinen Indianern

Mit Bildern von Mathias Weber
und Liedern von Stephen Janetzko

Ellermann Verlag

Inhaltsverzeichnis

Biberjunge und sein kleiner Hund

Schnaufer ist weg!

Biberjunge erwachte, weil seine Mutter den Eingang des Tipis geöffnet hatte und mit der kleinen Schwester herein-kam.

Die Sonne huschte über sein Gesicht und ein Sonnenstrahl kitzelte ihn an der Nase, sodass er niesen musste.

»Langschläfer!«, sagte seine Mutter und die kleine Schwester lachte ihn aus.

Biberjunge tastete mit beiden Händen auf seinem Lager herum. Doch so sehr er auch suchte, er konnte nichts finden.

»Schnaufer ist fort!«, rief er und sprang mit einem Satz auf die Beine. Schnaufer hieß der kleine Hund, der die ganze Nacht bei ihm geschlafen hatte. Eigentlich hatten junge Hunde im Zelt nichts verloren. Als der Welpe zum ersten Mal hereingekommen war, hatte Biberjunges großer Bruder ihn mehrmals wieder hinausgejagt.

Aber der Welpe hatte sich einfach nicht vertreiben lassen. Er war immer wieder-gekommen. Und weil er so lange an Biberjunge herumgeschnüffelt hatte, bis der ihm etwas von dem getrockneten Büffelfleisch abgab, an dem er gerade herumkaute, war er nicht mehr von seiner Seite gewichen.

»Das war falsch!«, hatte sein Vater da-mals gesagt. »Jetzt werden wir ihn nicht mehr los!«

»Ich will ihn auch nie wieder los sein!«, hatte Biberjunge geantwortet und das kleine Hundebündel in seinen Arm genommen. Weil der Welpe dabei vor Wohlbehagen geschnüffelt und geschnauft hatte, hatten alle lachen müssen. Seinen Namen hatte er seitdem auch weg: *Schnaufer.*

»Wenn er älter wird, muss er aber hinaus!«, hatte der Vater nur noch gesagt. Und so war der kleine Schnaufer bis jetzt dageblieben.

»Er kann nicht weit sein!«, rief die Mutter noch, als Biberjunge bereits aus dem Tipi stürmte.

Die Suche

Biberjunge lief sogleich zum Nachbarzelt.

Dort war die Indianerfrau Schöne Morgenröte gerade dabei, ein paar Mokassins ihres Mannes zu flicken. Sie war allein. Ihre Kinder, Kleiner Bär und Weiße Wolke, waren unten am Fluss, und ihr Mann, Mächtiger Donner, war mit den anderen Männern schon früh zur Jagd aufgebrochen. Sie würden erst wieder zurückkommen, wenn sie eine Beute hatten. So blieben die Frauen und die Kinder in den Zelten zurück und kümmerten sich um alles, was im Lager zu tun war.

»Schöne Morgenröte, hast du meinen Schnaufer gesehen?«, fragte Biberjunge sie jetzt.

Aber Schöne Morgenröte schüttelte nur den Kopf. Da lief Biberjunge traurig weiter.

In dem Lager am Fluss standen viele Zelte. In jedem Tipi wohnte eine Familie.

Als Biberjunge zum nächsten Zelt kam, malte Blaue Feder dort gerade eine rote Sonne auf ein Stück Büffelleder.

Obwohl Blaue Feder nicht viel älter als Biberjunge war, musste sie ihrer Mutter oft helfen. Zeit zum Spielen hatte sie kaum. So ging es allen Mädchen.

Jungen hatten es da viel besser.

Dazu kam, dass ihre Großeltern alt waren und von der Mutter gepflegt wurden. Seit sie nicht mehr selbst für sich sorgen konnten, hatte der Vater sie in sein Zelt geholt. Es war recht eng in dem Tipi, wenn alle abends zu Hause waren und um das Feuer herum saßen, das in der Mitte brannte. Aber warm war es. Warm und gemütlich.

Die großen Brüder halfen der Mutter nicht. Sie fischten im Fluss und jagten in der Prärie nach kleinen Tieren, sodass sie alle satt wurden. Auch der Vater war mit den anderen Männern zur Jagd losgeritten.

Nein, Blaue Feder hatte den kleinen Hund auch nicht gesehen.

Biberjunge lief von Tipi zu Tipi. Alle schüttelten den Kopf. Natürlich kannten sie den winzigen Schnaufer. Schließlich hatte ihn Biberjunge jeden Tag auf seinem Arm im Lager herumgetragen. Als er am Eingang des Zeltes von Kluger Hund nach seinem kleinen Schnaufer fragen wollte, drängte ihn die Frau des Indianers gleich nach draußen. Und als er Klugen Hund drinnen laut krakeelen und schimpfen hörte, machte er sich schnell davon. Seitdem der Indianer beim Büffeljagen im vergangenen Jahr sein Bein gebrochen hatte und nicht mehr mit den anderen Männern zur Jagd konnte, war er immer schlecht gelaunt.

Wenn er über den Platz zum Tipi des Medizinmanns humpelte, machten die Kinder einen großen Bogen um ihn. Und der Medizinmann konnte sein Bein auch nicht mehr heilen. Seitdem mussten Schneller Adler und Flinker Hirsch für ihn und seine Frau sorgen und ihm von allem, was sie jagten, abgeben. Sie waren seine Brüder.

Endlich gefunden!

Am Tipi des Medizinmannes wollte Biberjunge auch am liebsten schnell und ungesehen vorbeischleichen. Der riesige Totempfahl neben seinem Zelt war ihm nie so recht geheuer gewesen. Es war einer von den großen und bunt bemalten Baumstämmen. Sie waren Zeichen dafür, dass alle Indianer aus seinem Stamm, die vor ihnen gelebt hatten, immer noch bei ihnen waren. Ein solcher Totempfahl stand auch vor dem eigenen Zelt. Biberjunge hatte immer wieder den Bären darauf bewundert und ehrfürchtig betrachtet. Sein Vater hatte ihm erzählt, dass sein Großvater selbst Großer Bär geheißen hatte und nach seinem Tod nun in diesem geschnitzten Bären vor ihrem Zelt weiterlebte. Der ganze Stamm hatte um ihn getrauert, als er gestorben war. Er war ein sehr tapferer Häuptling gewesen. All seine Stärke und Kraft übertrug er jetzt auf seinen Sohn und seine Enkelkinder.
Aber der Totempfahl vor dem Tipi des Medizinmannes zeigte gleich drei riesige Tiere auf einmal: einen Bären, einen Adler und einen mächtigen Fisch mit scharfen langen Zähnen. Nein, dieser Totempfahl war ihm so unheimlich wie der Medizinmann selbst. So viele mächtige Vorfahren hatte dieser Mann.

Da musste man sich doch vorsehen.
»Biberjunge!«
Biberjunge zuckte zusammen und blieb wie angewurzelt stehen. Natürlich hatte der Medizinmann ihn längst bemerkt.
»Du suchst deinen kleinen Hund?«
Woher der Medizinmann das nur wusste? Ja, er musste wirklich über ganz mächtige Zauberkräfte verfügen.
Da konnte Biberjunge nur ängstlich nicken.
Der Medizinmann streckte seinen Arm weit aus und zeigte hinunter zum Fluss.
»Siehst du dort die Hunde herumtoben?«, fragte er.
Biberjunge nickte.
»Da ist auch dein kleiner Hund dabei!«, sagte der Medizinmann nur. Dann ging er zurück in sein Tipi.
Biberjunge hätte am liebsten den Kopf geschüttelt, doch er traute sich nicht.
Nie, nie, nie würde sein Schnaufer so wie die anderen Hunde dort herumtoben und sich nicht mehr um ihn kümmern.

9

Aber dann ging er doch mit langsamen Schritten zum Fluss hinunter.

Im Fluss standen ein paar große Jungen und fischten. Auch sein Bruder war dabei.

Und zusammen mit vielen anderen Hunden, großen und kleinen, jagte Schnaufer am Ufer entlang. Es waren viele Hunde, sodass Biberjunge ihn zunächst nicht herausfinden konnte.

Dann streckte er seine Hand aus und rief immer wieder, immer lauter und immer besorgter: »Schnaufer! Schnaufer! Komm doch, mein kleiner Schnaufer!«

Aber der kleine Hund kümmerte sich überhaupt nicht um ihn. Er rannte laut bellend mit den anderen weiter.

Biberjunge warf sich ins Gras und weinte, wie er noch nie in seinem Leben geweint hatte.

Da saß plötzlich sein Bruder neben ihm. Er legte seinen Arm um ihn und strich ihm mit der Hand durch das Haar.

»Er ist groß geworden«, sagte er leise. »Sie bleiben nicht immer klein. Einmal werden sie groß und dann sind sie so wie alle anderen Hunde!«

Biberjunge setzte sich auf. »Er braucht mich doch noch so sehr!«, jammerte er.

»Jetzt nicht mehr!«, sagte sein Bruder. »Er wird von Tag zu Tag älter und immer selbständiger. Er braucht seine Freiheit.«

Und als er sah, wie traurig Biberjunge ihn anblickte, fügte er hinzu: »Aber er wird dich nicht vergessen! Niemals! Sieh nur, da kommt er!«, rief er plötzlich und Schnaufer kam angerannt und sprang mit einem Satz an dem Jungen hoch.

Biberjunge streichelte ihn und Schnaufer kuschelte sich zufrieden an ihn. Dann sprang er ebenso schnell davon wie er gekommen war.

»Ob er wohl immer mal wieder zu mir kommt und sich streicheln lässt?«, fragte Biberjunge und seine Stimme klang hoffnungsvoll.

Sein Bruder nickte ihm zu. »Ganz bestimmt! Ganz bestimmt!«

Die Geschichte vom Honigbaum

Kleiner Bär entdeckt Honig

Eines Tages kam Kleiner Bär ganz aufgeregt zum Indianerlager zurück und rief schon von weitem laut nach seiner Mutter.

Da kam Schöne Morgenröte auch bereits aus dem Zelt und fing ihren kleinen Indianerjungen mit den Armen auf.

»Was ist denn los?«, fragte sie ihn.

»Ich weiß, wo es Honig gibt!«, rief Kleiner Bär und versuchte, seine Mutter hinter sich herzuziehen. »Ich habe einen Honigbaum entdeckt!«

»Hm!« Schöne Morgenröte leckte sich über die Lippen. »Ist es weit?«, fragte sie.

Da kam auch Weiße Wolke, seine Schwester, aus dem Zelt herausgeklettert. Honig war ihre Leib- und Magenspeise.

»Ist es weit?«, fragte auch sie.

Kleiner Bär zuckte mit den Schultern. »Nicht sehr weit!«, meinte er und zeigte mit seinem weit ausgestreckten Arm nach Osten. »Wenn wir schnell laufen, sind wir auch schnell da!«

»Wartet!«, sagte die Mutter und ging ins Zelt zurück. Als sie herauskam, hatte sie einen Korb am Arm. Und im Korb stand der große Topf aus Ton, für den sie sogar einen Deckel geformt hatte. Auch ein paar Decken hatte sie in den Korb gelegt.

»Dann kommt!«, sagte sie und schritt mit ihrer kleinen Tochter an der Hand schnell hinter dem Jungen her.

Sie mussten doch recht lange gehen. Und manchmal blieb Kleiner Bär plötzlich stehen, kratzte sich am Kopf und überlegte, ob es noch der richtige Weg zum Honigbaum war.

Einmal verliefen sie sich auch ein bisschen. Aber dann fand Kleiner Bär doch wieder den richtigen Weg.

»Hier ist es!«, sagte er plötzlich und blieb an einer kleinen Lichtung stehen.

Noch einer, der Honig mag

Doch als er mit der ausgestreckten Hand auf den Baum gegenüber zeigte, da brachte er kein Wort mehr heraus. Seine Mutter hielt ihm mit der Hand den Mund zu und zog ihn behutsam zurück.

Drüben an dem Honigbaum stand ein großer Bär. Er hatte sich am Baum aufgerichtet und langte mit seiner mächtigen Pranke in ein Loch hinein, das er wohl dort hineingekratzt hatte. Die Bienen umschwärmten ihn wütend. Doch der Bär ließ sich nicht stören. Er leckte genüsslich an seiner Pranke herum, die wohl köstlich nach frischem Bienenhonig schmeckte.

Kleiner Bär hätte am liebsten vor Wut laut losgeheult. Doch seine Mutter zog ihn so schnell sie konnte hinter sich her. Sie mussten aufpassen, dass der Bär sie nicht hörte.

Dann eilten sie zurück zum Lager. Unterwegs nahm Schöne Morgenröte Weiße Wolke auf den Arm, damit sie schneller vorankamen.

Da entdeckte Kleiner Bär einen Ast, der wohl vom letzten Sturm heruntergerissen worden war. Nun setzten sie Weiße Wolke auf den Ast. Sie hielt sich an beiden fest und so trugen sie sie zum Lager zurück.

13

»Wir warten, bis der Vater heimkommt!«, sagte Schöne Morgenröte, als sie endlich wieder daheim waren.

»Der große Bär soll nicht unsern ganzen Honig essen!«, maulte Kleiner Bär. Und seine Schwester setzte sich neben ihn und senkte den Kopf. Auch sie hatte sich sehr auf den frischen Honig gefreut.

»So viel kann er gar nicht fressen!« Die Mutter schüttelte den Kopf. »Wir bekommen bestimmt auch noch einen Teil ab!«

»Warum haben wir ihn nicht fortgejagt?«, jammerte Kleiner Bär. »Wenn ich einen dicken Stock gehabt hätte! Aber du hast mich ja gleich zurückgezogen!«

Da sagte seine Mutter gar nichts mehr, sondern machte sich daran, den Ast, auf dem sie Weiße Wolke heimgetragen hatten, zu zerschlagen.

»Ihr könnt mir ein bisschen helfen!«, meinte sie und beide Kinder packten zu. Dann trugen sie das Holz ins Zelt. Vielleicht brachte Vater ja etwas von der Jagd heim, was sie dann auf dem Feuer kochen konnten.

Spät am Nachmittag kam Mächtiger Donner ins Lager geritten. Er war müde und hatte kein Glück beim Jagen gehabt. Er stieg vom Pferd und wollte es zuallererst versorgen.

»Kleiner Bär hat einen Honigbaum entdeckt!«, rief ihm Schöne Morgenröte zu.

»Aber da war ein großer Bär!«, fügte Kleiner Bär kleinlaut hinzu. »Sonst hätten wir jetzt den Honig!«

»Und ich mag Honig so gern!«, sagte Weiße Wolke und sah ihren Vater so bittend an, dass er sich wieder auf sein Pferd schwang und sich wirklich auf den Weg zu dem Honigbaum machte.

»Du kommst aber mit!«, rief er und hob seinen Jungen vor sich auf sein Pferd. »Du musst mir doch den Weg zum Honigbaum zeigen!«

Er nahm den Korb mit dem Krug und die Decken, die ihm seine Frau reichte. Dann ritt er los.

»Und wenn der große Bär noch da ist?«, fragte Kleiner Bär unterwegs ein wenig ängstlich.

»Dann warten wir, bis er geht!«, lachte sein Vater. »Oder wollen wir mit ihm kämpfen?«

Doch als sie zu dem Honigbaum kamen, da hatte sich der Bär schon längst davongetrollt.

Wieder musste Kleiner Bär am Rande der Lichtung warten.

Aber er durfte zusehen, wie sein Vater die Honigwaben aus dem Baum holte. Er hatte sich rundherum mit den Decken zugehangen, damit ihn die Bienen nicht stechen konnten.

Ja, Vater wusste, wie man Honig aus einem Honigbaum holt!

Kleiner Bär war richtig stolz auf seinen Vater, als er dann an den Honigwaben riechen durfte.

»Ohne dich hätten wir jetzt keinen Honig!«, sagte sein Vater, als er ihn wieder vor sich auf sein Pferd hob. »Wie gut, dass du den Baum entdeckt hast!«

An diesem Abend backte Schöne Morgenröte köstliche Fladen aus Mehl. Und sie aßen Honig dazu.

»Wir haben den Bienen nicht allen Honig abgenommen!«, erzählte Mächtiger Donner. »Nur so viel, wie wir zum Sattessen brauchen!«

Dann legte er den Arm um seinen kleinen Sohn und sagte so laut, dass man es bis vors Zelt hören konnte: »Mein Sohn hat jetzt einen neuen Namen. Er kann sehr stolz auf seinen neuen Namen sein! Ab heute heißt er *Honigbär*, weil er es war, der den Honigbaum entdeckt hat! Hugh! Ich habe gesprochen!«

»Mein lieber Bruder Honigbär!«, flüsterte Weiße Wolke und setzte sich ganz nah zu ihm.

Ja, da war der Indianerjunge Honigbär so richtig rundherum stolz ... und satt ... und froh.

Einen Indianerkopfschmuck basteln

Du brauchst dazu:
ein Stück Wellpappe, farbigen Karton,
Buntpapier, Schere und Leim, einen Gummi,
einen Hefter oder Tucker, evtl. Natur- oder
Bastelfedern.
Du schneidest ein vier Zentimeter breites Band
aus Wellpappe. Es muss etwas kürzer als deine
Kopfweite sein.
Dieses Band beklebst du auf der Außenseite
mit Buntpapier. Es wird besonders schön, wenn
du einige Muster ausschneidest und aufklebst.
Vielleicht ein Viereck, einen Kreis, einen Pfeil,
eine Sonne, ein Indianerzelt oder einen
Tomahawk.
Nun schneidest du aus dem farbigen Karton
bunte Federn aus. Du kannst auch steife Pappe
nehmen und sie bunt bemalen oder bekleben,
damit sie wie Federn aussieht.

Nun bestreichst du die »Federkiele« ein wenig
mit Leim, damit du sie nicht verlierst. Dann
steckst du sie nebeneinander oben in das Band
hinein. Solltest du richtige Federn haben – keine Adlerfedern, aber vielleicht Hühner-, Gänse-,
oder Bastelfedern – machst du es genauso.
Du befestigst nun noch das Gummiband mit
Hilfe des Tuckers an beiden Enden des Bands.
Fertig ist dein Indianerkopfschmuck!

Ein Tipi im Garten

Am besten ist es, wenn wir mit mehreren zusammen ein Tipi bauen.

Wir suchen uns im Wald mindestens drei, besser noch vier oder fünf Äste zusammen – Äste, die am besten doppelt so lang, wie wir selber groß sind. Man kann aber auch Bohnenstangen zum Zeltbauen benutzen. Wir stellen die Äste oder Stangen mit ihren Spitzen zusammen und binden sie oben noch mit einer Schnur fest. Wenn unsere Äste oben Astgabeln haben, können wir sie auch ohne Schnur so ineinander verhaken, dass sie nicht umfallen. Die unteren Enden stecken wir in den Wald-, Wiesen- oder Gartenboden, damit das Zelt stabil wird.

Wenn jeder zu Hause nach alten und ausgedienten Decken, Fellen, Bettvorlegern, Tüchern, Kissen und Betttüchern fragt, bringen wir bestimmt so viele zusammen, dass es für unser Tipi reicht.

Die Decken und Felle befestigen wir nun rundherum an den Zeltstangen.

Die Indianer hatten weder Nägel noch Heftzwecken. Deshalb benutzen wir außer den Decken auch nur Schnur zum Festbinden: Wir drehen die Ecke einer Decke zu einem Zipfel zusammen und binden daran die Schnur fest. Mit dem zweiten oberen Zipfel machen wir es genauso. Wir können nun das Seil über die Astgabel hinüberziehen. Dann befestigen wir auf der gegenüberliegenden Seite eine andere Decke mit ihrem Zipfel daran.

Wir binden so lange Decken herum und befestigen sie, bis das Tipi rundum zu ist. An einer Stelle bleibt noch ein Durchschlupf, damit wir in das Tipi hinein und hinaus können.

Die Betttücher malen wir dann noch bunt an und verzieren sie mit Zickzackmustern und anderen indianischen Zeichen.

Damit es im Tipi ganz gemütlich wird, tragen wir zum Schluss noch Felle, Decken und Kissen hinein und breiten sie auf dem Boden aus.

Im Zimmer ist es schwieriger, ein Tipi zu bauen. Wenn wir aber den Tisch mit bunten Decken zuhängen, können wir es uns auch im Wigwam auf vielen Teppichen, Decken und Kissen bequem machen.

Alle Kleinen Indianer

Text: Rolf Krenzer/Musik: Stephen Janetzko

Ref.: Al - le klei - nen In - di - a - ner wol - len stark und mu - tig sein,

denn die großen In - di - a - ner wa - ren frü - her auch mal klein.

Da - rum wollen al - le kleinen In - di - a - ner bald viel größer sein!

Hugh! Hugh! 1. Drum ren - nen sie und kämp - fen und

bal - gen sie he - rum, denn mit - ei - nan - der bal - gen ist ih - nen nicht zu

dumm, denn mit - ei - nan - der bal - gen ist ih - nen nicht zu dumm.

Refrain: Alle kleinen Indianer ...
2. Drum schwimmen sie und tauchen
und spritzen alle nass,
denn alle nass zu spritzen
macht doch den größten Spaß,
denn alle nass zu spritzen
macht doch den größten Spaß.

Refrain: Alle kleinen Indianer ...
3. Sie schleichen durch die Büsche
und haben sich versteckt
und sind erst dann zufrieden,
wenn keiner sie entdeckt,
und sind erst dann zufrieden,
wenn keiner sie entdeckt.

Refrain: Alle kleinen Indianer ...
4. Drum zeigen sie die Muskeln
und tanzen wild und schön.
Da kommen alle Großen,
um ihnen zuzusehn.
Da kommen alle Großen,
um ihnen zuzusehn.

Refrain: Alle kleinen Indianer ...
5. Doch geht's ums Schleppen, Tragen,
da packen sie mit an
und helfen ihren Müttern,
weil man nicht anders kann,
und helfen ihren Müttern,
weil man nicht anders kann.

19

Die Geschichte vom Kanu

Biberjunge will mit!

Als Grauer Wolf eines Tages mit seinem
Kanu über den Fluss kam, stand
Biberjunge schon am Ufer und wartete
auf ihn.
Grauer Wolf sprang aus dem Boot ins
Wasser, dort, wo es ganz seicht war.
Dann schob er das Boot bis hoch ans
Ufer, damit es nicht vom Wasser fort-
gerissen wurde.
Biberjunge half ihm dabei.
»Wann nimmst du mich denn endlich
wieder mal mit? Morgen?«, fragte er.
Da zeigte ihm sein Vater die Fische, die
er gefangen hatte.
»Diese Fische reichen drei Tage!«, lach-
te Grauer Wolf. Biberjunge rechnete
blitzschnell aus, wie lange es dauerte, bis
drei Tage herum waren.
»Dann fährst du aber überübermorgen
wieder los!«, sagte Biberjunge. »Darf ich
dann mitfahren?«
»Mal sehen!«, antwortete sein Vater.
»Vielleicht!«
Dann ging er mit schnellen Schritten
zum Wigwam, denn die Mutter wartete
längst im Zelt auf die Fische. Sie wollten
sie zu Mittag essen.

Ein gefährliches Abenteuer

»Mal sehen!«, wiederholte Biberjunge und kletterte ganz vorsichtig in das Kanu am Ufer.

»Vielleicht überübermorgen!«, flüsterte er und schloss seine Augen.

Als er eine lange Weile so gesessen hatte, öffnete er die Augen wieder und kletterte aus dem Kanu heraus.

Dann versuchte er, es ein wenig näher ans Wasser zu schieben.

Das war ziemlich schwierig, aber Biberjunge schaffte es.

»Mal sehen!«, sagte er dann und kletterte wieder hinein.

Schön war das! Die Wellen konnten das Boot ein bisschen packen. Sie schaukelten es leise hin und her.

Da kletterte Biberjunge noch einmal heraus und schob das Kanu so weit in den Fluss hinein, dass er wie vorhin sein Vater ein paar Schritte durch das Wasser waten musste.

»Mal sehen!«, lachte er und kletterte wieder in das Kanu hinein.

Die Wellen packten das Boot, schaukelten es leicht hin und her und trieben es langsam auf den Fluss hinaus.

»Biberjunge, das darfst du doch nicht!«, hörte er plötzlich seine Schwester Kleine Sonne schreien.

Sie stand am Ufer, dort wo er eben noch im Kanu gesessen hatte, und winkte aufgeregt mit beiden Händen.

Dann bückte sie sich und zeigte ihm die Ruder, die eigentlich zu dem Boot gehörten.

Die Ruder hatte Biberjunge vergessen!

»Ich sag es Papa!«, plärrte seine Schwester jetzt und lief davon.

»Alte Petze!«, schrie Biberjunge hinter ihr her und versuchte, ein wenig mit den Händen zu rudern. Aber das klappte nicht besonders gut.

Und dann klappte auf einmal gar nichts mehr.

Die Wellen rissen das kleine Boot im Kreis herum und Biberjunge konnte nichts dagegen tun.

Er hielt sich mit beiden Händen am Bootsrand fest und brachte vor Aufregung kein Wort heraus.

Dann trieben die Wellen das Kanu über den Fluss dahin.

Wenn Biberjunge sonst in dem Kanu gefahren war, dann hatte sein Vater oder seine Mutter oder sein großer Bruder mit im Boot gesessen. Sie hatten das Kanu sicher gelenkt und dahin gesteuert, wohin sie es haben wollten.

Und Biberjunge hatte nicht die geringste Angst gehabt.

Aber jetzt, als das Boot immer schneller wurde und nun auch noch auf die Stromschnellen mit den dicken Steinen zutrieb, da schnürte ihm die Angst fast den Hals zu.

Er schlitterte durch die Stromschnellen und wurde immer weiter getrieben.

Endlich konnte er auch schreien.

»Papa!«, schrie er verzweifelt immer wieder. »Papa, hilf mir!«

Dann, als der Fluss immer enger und reißender wurde, war plötzlich sein Vater da. Er stand im Wasser und hielt sich mit einer Hand an einem Ast fest, den er von hier aus noch erreicht hatte. Mit der anderen Hand packte er das Kanu und hielt es fest.

Und Biberjunge klammerte sich an den Arm seines Vaters und ließ ihn nicht mehr los.

Als sie dann später zusammen am Ufer saßen und das Kanu neben ihnen im Gras lag, da wagte Biberjunge nicht mehr, seinen Vater anzusehen.

»Wenn Kleine Sonne nicht gewesen wäre«, sagte Grauer Wolf leise, »dann hätte es sehr schlimm ausgehen können!«

Biberjunge sagte gar nichts.

Aber er half dem Vater, das Kanu nach Hause zu tragen.

Auf dem Heimweg entdeckte er plötzlich ein buntes, schillerndes großes Schneckenhaus. Schnell hob er es auf, säuberte es ganz vorsichtig und sagte: »Das bringe ich meiner Schwester mit! Das schenke ich ihr!«

Und Grauer Wolf blinzelte ihm zu.

Da konnten beide auf einmal wieder lachen.

Wenn ich ein großer Adler wär

Text: Rolf Krenzer/Musik: Stephen Janetzko

1. Wenn ich ein gro - ßer Ad - ler wär, ich flö - ge ü - ber

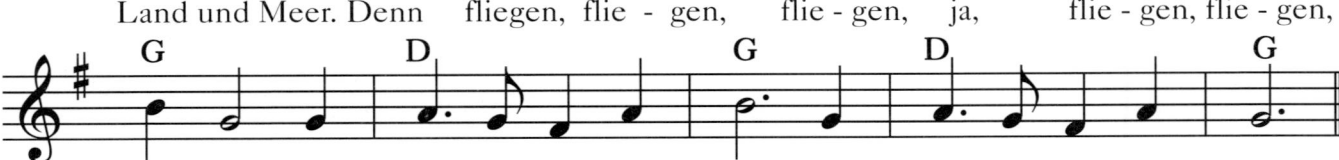

Land und Meer. Denn fliegen, flie - gen, flie - gen, ja, flie - gen, flie - gen,

flie - gen, seht her, das ist nicht schwer, seht her, das ist nicht schwer!

2. Und wäre ich ein großer Bär,
ich tappte dick und schwer daher.
Denn tappen, tappen, tappen,
ja, tappen, tappen, tappen ...

3. Wenn ich ein wilder Büffel wär,
ich stürmte schnell und wild daher.
Denn stürmen, stürmen, stürmen,
ja, stürmen, stürmen, stürmen ...

4. Und wenn ich eine Schlange wär,
ich schlängelte mich hin und her.
Denn schlängeln, schlängeln, schlängeln,
ja, schlängeln, schlängeln, schlängeln ...

5. Wenn ich ein flinker Biber wär,
ich tauchte unter dir daher.
Denn tauchen, tauchen, tauchen,
ja, tauchen, tauchen, tauchen ...

6. Wenn ich ein schneller Mustang wär,
ich trabte leicht und schnell daher.
Denn traben, traben, traben,
ja, traben, traben, traben ...

7. Wenn ich eine Forelle wär,
ich schwömme blitzschnell hin und her.
Denn schwimmen, schwimmen, schwimmen,
ja, schwimmen, schwimmen, schwimmen ...

8. Und wenn ich ein Kaninchen wär,
ich spränge hin und spränge her.
Denn springen, springen, springen,
ja, springen, springen, springen ...

*Viele Indianer wählten ein Tier aus, das sie beson-
ders bewunderten, und nannten nach ihm ihren
Sohn oder ihre Tochter.*
*Wenn der Große Bär hoffte, dass seine kleine Tochter
so klug wie die Eule werden sollte, dann nannte er
sie »Kleine Eule«. Dem Sohn, der so schnell wie ein
Hirsch laufen sollte, gab er den Namen »Kleiner
Hirsch«.*
*Wenn die Jungen älter waren, lernten sie von dem
Schamanen, dem Medizinmann des Stammes, wie
sie selbst ihren Namen finden konnten. Sie mussten
ein paar Tage lang ohne etwas zu essen ganz allein
verbringen. Dann sollte sich ihnen ihr Schutzgeist
zeigen. Wenn dann ein Junge in dieser Zeit plötzlich
zum Beispiel einen Fuchs erblickte, so wurde der
Fuchs zu seinem Schutzgeist, solange er lebte. Er
nannte sich dann Schneller Fuchs.*
*Biberjunges Vater hat ihm erzählt, dass sein
Großvater selbst Großer Bär geheißen hat und nach
seinem Tod nun in dem geschnitzten Bären auf dem
Totempfahl vor ihrem Zelt weiterlebte.*
*Die Indianer hatten große Achtung vor allen Tieren
und Pflanzen. Wenn sie einen Baum fällen oder ein
Tier jagen und töten mussten, um das notwendige
Fleisch zum Leben zu bekommen, riefen sie vorher
die Geister an und baten sie um Vergebung.*
*Die kleinen Indianer träumten davon, schnell wie
die Mustangs, flink wie die Hirsche und stark wie
die Bisons zu sein. Sie wünschten sich, wie die Adler
durch die Luft zu fliegen oder wie die Fische im
Wasser zu schwimmen.*

Leichte Feder und der hohe Kletterbaum

Ein richtiger Kletterbaum

Ganz in der Nähe von Biberjunges Tipi stand eine hohe Buche. Diese Buche war der Lieblingsbaum aller Indianerkinder. Sie war schon recht alt und hatte so viele dicke Äste und Zweige, dass alle gern darauf herumkletterten.

Am allerbesten aber kletterte Leichte Feder. Zunächst wagte sie sich nur auf die dicken Äste wie die anderen Indianerkinder. Dann stieg sie höher und höher.

Und einmal war sie bis fast in die Spitze geklettert. Es fehlten nur noch ein paar Meter. Aber dann hatte sie sich doch nicht getraut und hatte sich oben auf den dicken Ast gesetzt. Sie hatte beide Finger in den Mund gesteckt und so laut gepfiffen, dass alle anderen Indianerkinder zu ihr hinaufsahen und staunten. Aber eines Tages wollte Leichte Feder doch einmal wirklich bis oben in die Baumspitze hineinklettern.

»Es muss wunderbar dort oben sein!«, sagte ihre Freundin Klare Quelle und blickte sehnsüchtig hinauf. »Man kann sicher bis zum großen Fluss und zu den Blauen Bergen sehen!« Doch Klare Quelle traute sich noch nicht einmal bis zur Hälfte.

Und Zuckender Blitz, der Bruder von Leichter Feder und der wildeste Junge von allen, war auch noch nie bis zur Spitze geklettert. Dabei kletterte und turnte er in den anderen Bäumen so hoch er nur konnte.

So hoch wie noch nie

Zuerst kletterte Leichte Feder mit ihrer Freundin so weit, wie Klare Quelle sich traute.

Dann kletterte sie bis oben zu dem dicken Ast, auf dem sie schon so oft gesessen hatte.

Sie ruhte sich ein bisschen aus. Doch dann spuckte sie in die Hände und kletterte weiter. Sie kletterte und kletterte, bis sie oben war.

Und dann staunte Leichte Feder nur noch, wie weit sie sehen konnte.

»Ich sehe eine Büffelherde!«, brüllte sie nach unten. »Eine riesengroße Büffelherde!«

»Toll!«, antwortete ihre Freundin von unten.

»Und zwei Adler über den Blauen Bergen!«

»Was noch?«, brüllte Klare Quelle hinauf.

»Zwei Reiter mit ihren Mustangs! Sie reiten direkt zu unserm Lager!«

»Kannst du sie erkennen?«, fragte Klare Quelle.

Da reckte sich Leichte Feder noch etwas, um besser sehen zu können.

»Es ist mein Vater! Und hinter ihm reitet mein Bruder.«

Sie winkte mit beiden Händen und rief: »Jippijippijey!«

Doch die beiden waren zu weit entfernt und konnten sie nicht hören.

»Haben sie dich gesehen?«, fragte Klare Quelle von unten.

Doch Leichte Feder antwortete nicht mehr.

Sie versuchte, ganz behutsam mit ihren nackten Füßen den Ast unter ihr zu erreichen.

Sie angelte mit ihren Zehen, doch es klappte nicht.

Und als sie nun hinunterblickte, da merkte sie erst, wie hoch sie hier oben war. So hoch, dass sie in dem Baumgipfel mit dem Wind hin und her geschüttelt wurde.

Leichte Feder versuchte es noch einmal. Es klappte wieder nicht.

Da spürte sie auf einmal, wie die Angst in ihr wuchs und immer größer wurde. Was würde geschehen, wenn sie nicht mehr aus der Baumspitze herunter käme? Verhungern müsste sie hier oben! Und keiner könnte ihr helfen!

Schon fühlte sie sich schwindlig. Und es begann alles, sich um sie herum zu drehen.

Da klammerte sie sich an dem Ast fest, auf dem sie stand und schloss ihre Augen so fest sie nur konnte.

»Leichte Feder!«, brüllte ihre Freundin von unten. »Ist was passiert? Sag doch etwas!«

Da rief Leichte Feder jammernd: »Mir ist schwindlig! Ich kann nicht mehr herunter klettern!«

»Ich komme und helfe dir!«, brüllte Klare Quelle hinauf.

»Tu das ja nicht!«, schrie Leichte Feder zurück. Sie wusste doch, welche Angst ihre Freundin hatte.

»Ich hole Hilfe!«, rief Klare Quelle schließlich, kletterte hinunter und rannte davon.

Es dauerte unendlich lange, bis sie wieder da war.

Endlich merkte Leichte Feder, dass jemand in den Baum kletterte. Er kam näher und näher. Und dann war ihr großer Bruder bereits so nah, dass sie ihm die Hand geben konnte.

»Na, Schwesterlein?«, sagte Zuckender Blitz und lachte. »Traust du dich denn mit mir zusammen wieder nach unten?«

Sie nickte glücklich. Dann kletterte sie mit seiner Hilfe vom Baum herunter. Unten angekommen, ließ sie seine Hand nicht mehr los. Und Hand in Hand liefen sie alle drei zum Lager zurück. Links und rechts Klare Quelle und Zuckender Blitz. Und Leichte Feder in der Mitte.

Der Indianer

Scheint morgens die Sonne auf die Welt,
kommt der Indianer aus seinem Zelt.
Er wäscht sich im Bach,
da ist er gleich wach.
Dann schwimmt er ein Streckchen
und frühstückt ein Weckchen
und trinkt einen Schluck!
Aufs Pferd nun, ruck zuck!
Mit Jipp, Jippie, Jie
über die Prärie.
Und kommt er nach Haus,
dann ruht er sich aus,
weil ihm das gefällt
und schläft bis zum Morgen
in seinem Zelt.

Scheint morgens die Sonne auf die Welt,
kommt der Indianer aus seinem Zelt.
Er wäscht sich im Bach,
da ist er gleich wach.
Dann schwimmt er ein Streckchen
und frühstückt ein Weckchen
und trinkt einen Schluck!
Aufs Pferd nun, ruck zuck!
Mit Jipp, Jippie, Jie
über die Prärie.
Und kommt er nach Haus,
dann ruht er sich aus
weil ihm das gefällt
und schläft bis zum Morgen
in seinem Zelt.
So geht's immerzu.
Und was machst du?

Wenn alle Indianer jetzt reiten

Text: Rolf Krenzer/Musik: Stephen Janetzko

1. Wenn al - le In - di - a - ner jetzt rei - ten, jetzt rei - ten, dann rei - ten die In - dia - ner al - le so. Yip - pi - Yip - pi - Yo, Yip - pi - Yip - pi - Yo. Und dann sind die In - di - a - ner al - le froh.

2. Wenn alle Indianer
jetzt schleichen, jetzt schleichen,
dann schleichen die Indianer
alle so.
Yippi-Yippi-Yo, Yippi-Yippi-Yo.
Und dann sind die Indianer
alle froh.

3. Wenn alle Indianer
das Lasso jetzt schwingen,
dann schwingen die Indianer
alle so.
Yippi-Yippi-Yo, Yippi-Yippi-Yo.
Und dann sind die Indianer
alle froh.

4. Wenn alle Indianer
jetzt stampfen, jetzt stampfen,
dann stampfen die Indianer
alle so.
Yippi-Yippi-Yo, Yippi-Yippi-Yo.
Und dann sind die Indianer
alle froh.

5. Wenn alle Indianer
jetzt tanzen, jetzt tanzen,
dann tanzen die Indianer
alle so.
Yippi-Yippi-Yo, Yippi-Yippi-Yo.
Und dann sind die Indianer
alle froh.

6. Wenn alle Indianer
jetzt essen, jetzt essen,
dann essen die Indianer
alle so.
Yippi-Yippi-Yo, Yippi-Yippi-Yo.
Und dann sind die Indianer
alle froh.

7. Wenn alle Indianer
jetzt niesen, jetzt niesen,
dann niesen die Indianer
alle so.
Yippi-Yippi-Yo, Yippi-Yippi-Yo.
Und dann sind die Indianer
alle froh.

8. Wenn alle Indianer
jetzt gähnen, jetzt gähnen,
dann gähnen die Indianer
alle so.
Yippi-Yippi-Yo, Yippi-Yippi-Yo.
Und dann sind die Indianer
alle froh.

9. Wenn alle Indianer
dann schlafen, schlafen,
dann schlafen die Indianer
alle so.
Chrchr-Chrchr – oh, Chrchr-Chrchr – oh!
Und dann sind die Indianer
alle froh.

Klare Quelle und Schneller Huf

Sorge um das kranke Fohlen

Das Fohlen hatte sich bei einem Sprung über eine Hecke verletzt. Starker Büffel trug es auf seinen Armen vorsichtig zum Zelt. Seine Frau wusste, wie man Wunden und Verletzungen behandelt. Sie kannte viele Heilpflanzen und rührte die besten Salben an.

»Sein Bein sieht wirklich schlimm aus!«, meinte sie, als sie das Fohlen untersucht hatte. Dann legte sie ihm einen Verband an. »Jetzt braucht es viel Pflege!«

»Ich will mich um das Fohlen kümmern!«, sagte Klare Quelle einfach. Von allen Fohlen, die zur Zeit auf der Weide waren, war ihr dies am liebsten. Nicht nur, weil es besonders hübsch war. Aber gleich nach seiner Geburt hatte es sie mit seinen dunklen Augen so angeschaut, als wollte es ihr etwas sagen.

Deshalb ging Klare Quelle nun mit, als ihr Vater das Fohlen wieder zu den anderen Mustangs trug.

Sie bauten ihm ein weiches Lager und legten es dort nieder.

Da wollte das Fohlen aufstehen, doch es knickte wieder ein.

»Es tut ihm sehr weh!«, sagte Starker Büffel leise und streichelte ihm behutsam über den Kopf. »Es wird schon wieder, Kleines!«, tröstete er das Fohlen.

»Ich bleibe bei ihm!« Klare Quelle setzte sich zu dem Fohlen und streichelte es zärtlich.

»Es wird wieder, Kleines!«, wiederholte sie leise.

Da ging Starker Büffel davon.

Als die Sonne hoch am Himmel stand, kam die Mutter. Sie brachte eine Schüssel heißer Suppe. Und Klare Quelle freute sich und ließ es sich schmecken.

»Was macht das Fohlen?«, fragte die Mutter.

»Es hat geschlafen!«, antwortete Klare Quelle.

Da nickte die Mutter. »Gib ihm Wasser, wenn es wach wird!«, sagte sie, als sie dann ging. »Du kannst die Suppenschüssel am Bach ausspülen und mit frischem Wasser füllen!«

Als das Fohlen die Augen öffnete, wollte es gleich wieder aufstehen.

Doch es knickte wieder ein.

»Es wird wieder, Kleines!«, sagte Klare Quelle noch einmal und reichte ihm das kühle Wasser, das sie aus dem Bach geholt hatte. Wie freute sie sich, als das Fohlen wirklich trank. Und von dem Gras, das sie ihm anbot, nahm es auch ein wenig an.

Am Abend kam die Mutter noch einmal und verband das Bein des Fohlens neu. »Es sieht schon besser aus!«, sagte sie froh. »Und jetzt komm mit nach Hause. Wir wollen zu Abend essen!«

»Ich bleibe hier!«, antwortete Klare Quelle. »Das Fohlen braucht mich!«

Da nickte die Mutter nachdenklich und ging zurück zum Zelt.

Nachts draußen

Später kam Starker Büffel zu ihr hinaus. Auch er brachte etwas zu essen mit. Und zwei warme Decken.

»Was willst du mit den Decken?«, fragte Klare Quelle.

»Es wird eine schöne Nacht werden!«, antwortete ihr Vater und sah zum Himmel hinauf. »Eine sternklare Nacht!«

Er breitete die Decken aus. »Da möchte ich gern hier draußen schlafen!«

»Bei mir?«, fragte Klare Quelle glücklich und wickelte sich später in die zweite Decke.

So lagen sie eng beieinander unter dem klaren Sternenhimmel und der Vater erzählte ihr Geschichten vom Mond, von den vielen Sternen und vom großen Manitu, der seit Anfang der Welt über alles wachte.

Es war schon spät, als Klare Quelle endlich einschlief.

Am nächsten Morgen konnte das Fohlen schon wieder aufstehen.

Mühsam humpelte es ein bisschen auf und ab. Als es auf der Nachbarkoppel seine Pferdemutter sah, wieherte es leise.

Und am Abend schlief Starker Büffel wieder neben seinem Kind unter dem klaren Sternenhimmel.

In dieser Nacht kamen auch noch die Mutter und der große Bruder zu ihnen hinaus und legten sich dazu.

Da ging Starker Büffel noch einmal zum Zelt zurück und holte auch für sie Decken.

»Schön ist es hier!«, sagte Klare Quelle. Sie lag zwischen Vater und Mutter und blickte nachdenklich hinauf in den Sternenhimmel.

»Und morgen ist das Fohlen sicher schon fast wieder gesund!«, sagte die Mutter leise.

Da kuschelte Klare Quelle sich tief in ihre Decke und schlief zufrieden ein.

Am nächsten Morgen konnte das Fohlen tatsächlich wieder laufen. Aber zunächst wusste es nicht, ob es hinter seiner Pferdemutter oder hinter Klare Quelle herlaufen wollte.

»Wie soll es heißen?«, fragte Starker Büffel.

Klare Quelle zuckte mit den Schultern.

»Warum soll ich ihm seinen Namen geben?«, fragte sie.

»Weil es dir gehört!«, antwortete Starker Büffel.

»Mir?« Das Mädchen konnte es nicht glauben.

»Ich schenke es dir!«, lachte ihr Vater. »Du hast dich so um das Fohlen gekümmert!«

»Dann heißt es *Schneller Huf!*«, sagte Klare Quelle.

»Ein schöner Name!« Ihre Mutter nickte. »Und wenn es größer ist, kannst du auf ihm reiten!«

»Jeden Tag!«, lachte Klare Quelle. Sie packten die Decken zusammen und gingen zum Zelt. Denn jetzt wollten sie erst einmal frühstücken.

Nun brauchte sich keiner von ihnen mehr um das Fohlen zu kümmern. Es war wieder bei seiner Mutter.

Zwei kleine Indianerspiele

Wir brauchen für alle je ein echtes Blatt oder ein Blatt Papier.

Stellt euch nebeneinander.

Streckt den rechten Arm aus.

Spreizt eure Finger.

Nun legt ein Blatt oder ein Blatt Papier auf den Handrücken.

Welcher Indianer hält es am längsten aus?

Bei wem zittert das Blatt zuerst?

Bei wem fällt es gar herunter?

Die Indianer kannten noch keine Stoppuhr. Aber ihr könnt es nacheinander versuchen und die Zeit mit der Stoppuhr stoppen.

Versucht es nacheinander:
Strecke deine Arme nach der Seite und spreize die Zeigefinger aus. Die übrige Hand bleibt geschlossen.

Jetzt schließe deine Augen.

Versuche, deine Arme weit zu schwingen und dann deine Nasenspitze genau zu treffen.

Wer seine Nasenspitze mit beiden Zeigefingern trifft, ist gut!

Wer sie zweimal trifft, ist besser!

Wer sie dreimal genau trifft, ist Sieger.

Mein kleiner Indianer

Text: Rolf Krenzer/Musik: Stephen Janetzko

1. Mein klei - ner In - dia - ner, der kann schon so viel. Er

schießt mit dem Bo - gen und trifft auch das Ziel. Er

schießt mit dem Bo - gen und trifft auch das Ziel.

2. »Mein kleiner Indianer«,
sagt Mutter ganz stolz,
»der holt mir fürs Feuer
das richtige Holz,
der holt mir fürs Feuer ...«

3. »Mein kleiner Indianer«,
sagt Vater und lacht,
»der hat sich das Schwimmen
allein beigebracht,
der hat sich das Schwimmen ... «

4. Die Schwestern, die Brüder,
die loben ihn sehr:
»Es lernt der Indianer
von Tag zu Tag mehr,
es lernt der Indianer ... «

5. Verletzt der Indianer
sich einmal am Zeh,
dann trösten ihn alle.
Schon tut's nicht mehr weh.
Dann trösten ihn alle ...

6. Der kleine Indianer
pfeift fröhlich ein Lied.
Da freun sich die Vögel
und pfeifen laut mit,
da freun sich die Vögel ...

Die beiden Indianerkinder und ihre Namen

Stürmender Stern

Einmal fragte ein Indianerjunge seine Eltern: »Warum heiße ich Stürmender Stern?«

»Hm!«, sagten seine Eltern und lächelten. »Gefällt dir dein Name nicht?«

»Doch!«, meinte der Indianerjunge. »Aber mein Freund, der Kleine Fisch ist der Sohn vom Großen Fisch. Und mein anderer Freund, der Kleine Wind, ist der Sohn vom Großen Sturm.«

Er zeigte auf seinen Vater und sagte: »Du bist der Große Biber! Warum bin ich nicht der Kleine Biber?«

Da legte seine Mutter den Arm um den Indianerjungen und sagte: »Du hast einen ganz besonderen Namen! Eigentlich solltest du Kleiner Biber heißen. Doch es kam alles ganz anders!«

»Was kam ganz anders?«, fragte der Junge erstaunt.

Da strich ihm sein Vater über den Kopf. »Als wir dich erwarteten, stürmte und regnete es viele Tage lang. Der große Festplatz zwischen unseren Zelten war aufgeweicht und zu einer riesengroßen Pfütze geworden. Das Regenwasser lief sogar in unsere Zelte hinein.«

»Wir hatten alle große Sorgen!«, erinnerte sich seine Mutter. »Und ausgerechnet jetzt wolltest du zur Welt kommen!«

»So war es!«, sagte sein Vater. »Und in der Nacht, als du geboren warst, hörten plötzlich Sturm und Regen auf. Da öffnete ich das Zelt und erblickte über mir den Himmel voller Sterne. Der Sturm hatte die Wolken fortgeblasen.«

»›Schau dir das an!‹, sagte dein Vater zu mir. Er riss den Zelteingang so weit auf, dass auch ich ein Stück des leuchtenden Sternenhimmels sehen konnte. Dann nahm er dich und trug dich auf seinen Armen hinaus aus dem Zelt!«

»Genau so war es!«, sagte Großer Biber. »Als ich mit dir vor das Zelt trat, da schoss eine helle Sternschnuppe durch den Himmel.«

»Was ist eine Sternschnuppe?«, fragte der Indianerjunge ganz aufgeregt.

»Ein stürmender Stern!«, flüsterte seine Mutter.

Der Indianermann aber stand auf und sagte feierlich: »Das war ein Zeichen, das mir der große Manitu gab! Da hob ich dich hoch zum Himmel.«

»So war es!«, sagte seine Mutter. »›Du sollst Stürmender Stern heißen!‹, hat dein Vater laut gerufen. Ich habe es bis hier drinnen im Zelt gehört. Es ist der schönste Name, den ein Indianer seinem Sohn geben kann!«

Da rückte Stürmender Stern ganz nah an seine Eltern und freute sich so sehr, dass es innendrin in seiner Brust ganz warm wurde.

Liebliche Schneeflocke

»Und warum heiße ich Liebliche Schneeflocke?«, fragte da plötzlich seine kleine Schwester. Sie hatte die ganze Zeit mit offenem Mund dabeigesessen und zugehört.

Ihre Mutter legte den Arm um sie. »Als du geboren wurdest, war es draußen sehr kalt!«, sagte sie. »Die Bäche und Seen waren zugefroren. Aber in unserem Wigwam brannte ein Feuer, sodass wir nicht frieren mussten.«

»Als du geboren wurdest, begann es plötzlich zu schneien!«, erklärte der Vater. »Es war der erste Schnee in diesem Jahr!«

»Und dein Vater lief hinaus und brachte auf einem kleinen Zweig ein paar Schneeflocken.« Wieder lächelte die Mutter.

Und wieder stand der Indianermann auf und wollte feierlich weitererzählen. Doch Liebliche Schneeflocke war viel schneller. Sie sprang an ihm hoch, kletterte auf seinen Arm und drückte sich ganz fest an ihn.

»Du brauchst nichts mehr zu sagen!«, rief sie glücklich. »Ich weiß es doch, warum ich diesen schönen Namen von euch bekommen habe!«

»So ist das eben!«, lachte da ihre Mutter, als sie das verdutzte Gesicht ihres Mannes sah. »Wenn Männer beginnen, eine Geschichte zu erzählen, dann wissen die Frauen oft schon, wie sie ausgeht!«

Da lachte der Vater auch und gab seiner kleinen Tochter einen Kuss hinters Ohr.

40

Noch zwei kleine Indianerspiele

Wir versuchen es nacheinander:
Schließe beide Augen.
Strecke die Zeigefinger aus und drehe sie mehrmals gegeneinander vor deinem Gesicht.
Jetzt stoße beide Zeigefinger blitzschnell gegeneinander.
Wer das einmal schafft, ist gut!
Wer es zweimal schafft, ist besser!
Wer es dreimal schafft, ist Sieger!
Wer es aber fünfmal schafft, ist der neue Indianerhäuptling!

Wir brauchen etwas, was alle gern essen. Es darf aber nicht schmieren, wenn man es in der Hand hält. Noch etwas ist wichtig: Bei diesem Spiel darf nicht gesprochen werden!
Ein Spieler stellt sich mit dem Rücken an die Wand und öffnet seinen Mund. Er muss ganz still stehen bleiben und darf sich nicht bewegen. Ein zweiter Spieler stellt sich neben ihn und geht nun etwa fünf große Schritte nach vorn. Nun dreht er sich um und streckt beide Arme nach vorn. Zwischen seine ausgestreckten Zeigefinger nimmt er nun etwas, was der Spieler an der Wand essen soll. Vielleicht einen Keks oder ein Stückchen Kohlrabi.
Nun wird es schwierig: Er muss nämlich beide Augen schließen, vorsichtig losgehen und dem ersten Spieler das Plätzchen in den Mund stecken. Wenn ihm das gelungen ist, wird gewechselt.

Spiele am Wasser

Ein Staudamm

Einen Staudamm kann man auch an dem aller-
kleinsten Rinnsal oder Bach bauen. Mit Steinen
oder Moos, mit Erde und Zweigen bauen wir
eine kleine Staumauer. Wenn sich nun das
Wasser in dem Stausee sammelt, bauen wir den
Damm immer höher. Wenn er bricht, bessern
wir ihn wieder aus.

In unserem Stausee können wir unsere Boote
oder einfach Borkenstücke und Blätter schwimmen lassen.

Wenn der Stausee überläuft, können wir einen
zweiten Staudamm ein Stück weiter am
Bachlauf abwärts bauen.

Ein Floß und ein Boot aus Rinde

Du schneidest aus einer Baumrinde ein vier-
eckiges Stück aus und setzt es auf das Wasser.
Es schwimmt. Probiere aus, wie viel Last dein
Floß tragen kann.

Du kannst auch ein Stück Rinde in der Form
eines *Bootes* ausschneiden.

In die Mitte bohrst du dann mit einem Messer
oder mit einem kleinen Bohrer ein Loch, das so
groß ist, dass es ein Stück Holz als Segelmast
halten kann.

Damit dein Boot segeln kann, spießt du ein
größeres Blatt am Mast auf.

Basteln mit Leder

Ein Indianerstirnband aus Leder

Flechte drei nicht zu dicke Lederbänder (wie Schnürsenkel) zu einem Zopf.
Binde dir den Zopf um den Kopf.
Der Knoten kommt nach hinten, sodass du dort noch eine Feder hineinstecken kannst.

Aus Lederbändern kannst du dir auch ein *Armband* oder eine *Halskette* flechten.

Du kannst auch ein einziges Lederband als Kette benutzen.
Wenn du nun einen Knoten nach dem anderen knotest, wird es eine ganz besondere Kette.
Du kannst auch in einige Knoten noch kleine Federn hineinknoten.
Alle Ketten können von Jungen und Mädchen getragen werden.

Lederbilder

Für ein *Lederbild* brauchst du große oder kleinere helle Lederreste.
Schneide ein Viereck oder ein Rechteck aus.
Du kannst aber auch das Lederstück belassen wie es ist und nichts abschneiden oder daraus ausschneiden.
Auf der rauen Lederseite kannst du nun mit einem Borstenpinsel und Deckfarben, Wasserfarben oder Plakafarben ein Bild malen: Ein Tipi mit Indianern und Tieren, eine große Schildkröte, Indianer mit Pfeil und Bogen auf der Jagd, Indianer im Boot ... Falls du keine Lederreste hat, kannst du es auch mit hellbraunem Stoff oder einem Baumwolllaken versuchen.
Besonders schön wird ein Lederbild, wenn du mehrere kleine Lederreste in verschiedenen Farben hast.
Du kannst dann daraus Tiere und Muster ausschneiden und auf dein Lederbild kleben.

Das Indianermädchen und seine Lieder

Die Flöte

Einmal schnitzte Starker Büffel eine Flöte. Als er darauf spielte, klang das so schön, dass seine Tochter Klare Quelle sich Mühe gab, auch so schön spielen zu lernen.

Sie spielte bereits morgens im Zelt, wenn sie wach geworden war.

Wenn sie hinauslief, dann setzte sie sich auf den kleinen sonnigen Platz unter dem großen Ahornbaum und spielte und spielte.

Und abends, wenn sie alle in ihrem Wigwam um das Feuer saßen, dann sagte die Mutter oft: »Spiel doch noch ein Lied auf deiner Flöte!«

Dann hörten alle zu und freuten sich an der schönen Musik.

»Wie heißt das Lied?«, fragte ihr Vater einmal, als seine kleine Tochter ganz besonders schön spielte.

»Es ist das Lied von den Blättern, die der Sommerwind in den Zweigen tanzen lässt!«

»Ein schönes Lied!«, meinte ihr Vater.

»Woher hast du es?«

»Ich habe es mir ausgedacht!«, sagte das Indianermädchen einfach und spielte dann das Lied von den Fischen im klaren Bach.

»Es ist der Bach, der durch unser Lager fließt«, sagte es, als es kurz Luft holte.

»Und du hast es dir ausgedacht!«

Die Mutter nickte ihrem Töchterchen stolz zu.

Klare Quelle konnte auch nur nicken, weil sie das Lied ja auf ihrer Flöte zu Ende spielen wollte.

Die Lieder machen alle froh

Einmal feierten die Indianer ein großes
Fest.
Da kamen die Indianer mit ihren
Familien von weither zu dem Indianer-
lager, um mitzufeiern.
Sogar der berühmte Medizinmann aus
den Bergen kam.
Die Indianer bauten eigens für ihn ein
prächtiges Zelt auf, das noch größer und
schöner als das des Indianerhäuptlings
war.
An einem Abend, als das Indianer-
mädchen sein Lied wie sonst auch
beendet hatte, trat plötzlich der
Medizinmann in das Zelt, wo Klare
Quelle mit ihrer Familie am Feuer saß.
»Ich habe die singende Flöte im
Dunkeln gehört!«, sprach der Medizinmann. »Ihr Lied war so schön, dass ich
ihm durch das ganze Lager von Zelt zu
Zelt gefolgt bin.«
Er hob seine rechte Hand und sagte zu
dem Vater: »Zeige mir die singende
Flöte!«
Da nahm der Indianermann seiner klei-
nen Tochter die Flöte aus der Hand und
reichte sie dem Medizinmann.
Der Medizinmann blickte sie nachdenk-
lich an und meinte: »Es ist nur ein Stück
Holz. Jemand muss es zum Klingen
bringen!«

45

Da nahm der Vater seine kleine Tochter an der Hand und brachte sie zu dem Medizinmann.

Das Mädchen hatte zunächst etwas Angst, denn der Medizinmann hatte sein Gesicht bunt angemalt und trug einen Kopfschmuck aus gewaltigen Adlerfedern auf seinem Kopf.

Doch der Mann lächelte freundlich und legte dem Mädchen die Hand auf das schwarze Haar.

»Spiele für mich!«, bat er leise und gab ihm die Flöte zurück. »Spiele für mich, Singende Flöte!«

Da spielte das Mädchen und es spielte so schön, dass dem Medizinmann die Tränen in die Augen stiegen.

»Singende Flöte«, sagte er schließlich und reichte dem Mädchen die Hand, »willst du morgen Abend für uns spielen, wenn wir den großen Jagdtanz um das Feuer tanzen und ich den Jagdzauberspruch spreche?«

Das war eine große Ehre. Es war das Schönste, was der Medizinmann dem Mädchen und seinen Eltern sagen konnte. Dennoch zögerte Klare Quelle.

Würde sie es schaffen, vor allen anderen auf ihrer Flöte zu spielen?

Nach kurzem Nachdenken sagte sie leise: »Ja«.

Da lächelte der Medizinmann und verließ das Zelt.

So kam es, dass Klare Quelle am nächsten Abend ihre Lieder für alle auf der Flöte spielte.

Sie spielte das Lied von den Blättern, die der Sommerwind in den Zweigen tanzen lässt, das Lied von den Fischen im klaren Bach, das Lied von dem uralten Ahornbaum, das Lied von den Sommerblumen, das Lied von dem großen Medizinmann und seinem Jagdzauber und noch viele andere Lieder, die sie sich ausdachte, während sie den Tönen in ihrem Inneren lauschte.

Als der Medizinmann aber seinen großen Jagdzauber gesagt hatte und dreimal um das Lagerfeuer herumgeschritten war, da kam er zu dem Mädchen und reichte ihm einen kleinen grauen Stein.

»Schau ihn dir genau an!«, sagte er. »Er wirkt grau und tot. Wenn aber ein Sonnenstrahl darauf fällt, dann funkelt er wie Gold. Ich schenke ihn dir!«

Und als das Mädchen den Stein aus seiner Hand nahm, sprach er feierlich:

»Singende Flöte, dein Spiel ist wie der Sonnenschein. Es vertreibt das Leid und die Sorgen. Mit deinem Spiel machst du uns alle froh und glücklich.«

So kam es, dass das Indianermädchen Klare Quelle von diesem Tag an von allen nur noch Singende Flöte genannt wurde. Und seine beiden Namen behielt es sein ganzes Leben lang.

Das Märchen von Sonne und Mond

Wenn im Winter die Nächte immer länger wurden und der Schneewind durch das Lager pfiff, da hockten die Indianer in ihren Tipis um das Feuer in der Mitte und rückten eng aneinander. An diesen langen Abenden erzählten sie einander die Märchen und Geschichten, die sie einst von ihren Vätern und Großvätern gehört hatten.

So hatte an einem Abend Großer Biber seinen Kindern versprochen, ihnen das Märchen von der Sonne, dem Mond und den Sternen zu erzählen.

Natürlich hatten Stürmender Stern und Liebliche Schneeflocke ihre Freundinnen und Freunde eingeladen.

So waren viele gekommen und warteten nun darauf, dass Großer Biber endlich beginnen würde.

Der Indianer stopfte seine Pfeife und zündete sie an, sodass der Rauch durch das Tipi zog.

Dann fing er an zu erzählen und seine Frau und die Kinder hörten gebannt zu.

»Vor langer, langer Zeit«, begann er schließlich, »da standen Sonne und Mond friedlich nebeneinander am Himmel.

Aber die Sonne hatte so viele Kinder, dass es unerträglich heiß auf der Erde war.

Und auch der Mond hatte viele Kinder. Das waren die Sterne.

Weil der Mond die heißen Sonnenkinder loswerden wollte, sagte er eines Tages listig zur Sonne: ›Wir müssen uns von unseren vielen Kindern trennen, so schwer uns das auch fällt. Werfen wir sie doch ins Wasser!‹

Die Sonne willigte schweren Herzens ein, steckte alle ihre Kinder in einen Sack und ging damit zum Fluss, wo der Mond mit seinem Sack auf dem Rücken bereits wartete.

›Du wirfst sie zuerst hinein!‹, sagte die Sonne. Der Mond öffnete den Sack und ließ seine Kinder ins Wasser plumpsen. Da schüttete auch die Sonne ihren Sack aus. Dann gingen beide heim.

Am nächsten Tag kam die Sonne ganz allein ohne all ihre Kinder heraus und die Menschen waren froh, weil es nicht mehr so heiß war.

Als aber der Mond aufging, da blitzten und blinkten auch die Sterne am Himmel. Da erkannte die Sonne voller Zorn, dass der Mond sie betrogen hatte. Er hatte seine Kinder gut versteckt gehalten und den Sack mit weißen Kieselsteinen gefüllt. Die Kieselsteine hatte er dann in den Fluss geworfen. Fast wäre es zum Kampf zwischen Sonne und Mond gekommen.

Schließlich gelang es dem Mond aber doch noch, die Sonne zu beschwichtigen. ›Deine Kraft ist viel zu groß für die Welt!‹, sagte er. ›Sie kann alles Leben zerstören. Deshalb ist es für die Welt besser, dass deine Kinder im Wasser sind. So wird das Wasser so warm, dass Pflanzen und Tiere in den Flüssen leben können.‹ Seit diesem Tag stehen Sonne und Mond nicht mehr friedlich nebeneinander am Himmel. Erst wenn die Sonne geht, kommt der Mond hervor. Und wenn die Sonne am nächsten Morgen wiederkommt, macht er sich so schnell er kann davon.«

»Aber ich habe schon einmal die Sonne und den Mond zusammen am Himmel gesehen!«, sagte Liebliche Schneeflocke nach einer Weile.

»Du hast Recht!« Ihr Vater nickte. »Manchmal sieht die Sonne das Wasser in den Flüssen und Seen hell leuchten und blinken.«

»Das habe ich auch schon erlebt!«, rief Adlerauge ganz aufgeregt. »Es blinkerte und blitzte nur so!«

»Das sind die Sonnenkinder im Wasser!« Großer Biber lächelte. »Wenn die Sonne sie blinken und blitzen sieht, bleibt sie da, solange sie nur kann. So sehr freut sie sich. Da macht es ihr nichts aus, dass der Mond auch da ist.«

Großer Biber schwieg und die Kinder blickten ebenfalls schweigend in die Glut des Feuers.

»Das war eine schöne Geschichte«, sagte Kleine Wolfsschwester aus dem Nachbarzelt schließlich. »Ich werde noch darüber nachdenken, wenn ich einschlafe.«

Als ein Kind nach dem anderen aufstand, um nach Hause zu gehen, sagte Wolfsschwester noch: »Ich lade euch für morgen Abend in unser Tipi ein. Mein Vater weiß auch schöne Geschichten!«

»Hugh!«, riefen die kleinen Indianermädchen und Indianerjungen. Dann liefen sie eilig durch die Nacht zu ihren Tipis.

Es war kalt geworden. Doch der Himmel stand voller Sterne. Und der Mond leuchtete weit.

Medizinmann Eulenblick

Text: Rolf Krenzer/Musik: Stephen Janetzko

Ref.: Der Me - di - zinmann Eu - lenblick, der kann ein bisschen zaubern. Und

wenn es ihm ge - lingt, dann singt er laut sein Zauberlied, wenn er ums Feuer

springt. Hou - a - hou - a, ha, hou - a - hou, hou! Habt ihr gesehn, wie

das geschah? Was sagt ihr nun da - zu? 1. Weil's lan - ge Zeit ganz

tro - cken war, drum zau - bert er uns Re - gen. Dann hebt er bei - de

Ar - me hoch und darf sich nicht be - we - gen. Er zau - bert sie - ben

Stunden lang. Dann ru - fen all: »Ach, nee!« Der Medi - zinmann zau - ber - te statt

Re - gen weißen Schnee! Der Medi - zinmann Eu - lenblick ist plötzlich ganz ver-

wirrt und sagt: »Verzeiht, ihr lie - ben Leut, ich hab mich nur ge - irrt!«

Refrain ...

2. Als mal ein Kind verschwunden war,
da hat er nicht gezaudert
und hat das Kind mit aller Kraft
sofort herbeigezaubert.
Er zaubert sieben Stunden lang.
Dann rufen all: »Auwei!«
Der Medizinmann zauberte
statt einem drei herbei!
Der Medizinmann Eulenblick
ist plötzlich ganz verwirrt
und sagt: »Verzeiht, ihr lieben Leut,
ich hab mich nur geirrt!«

Refrain ...

3. 'Nen neuen Häuptling wollten wir,
wir fanden leider keinen.
Der Medizinmann lacht und sagt:
»Ich zaubere euch einen!«
Er zaubert sieben Stunden lang.
Dann rufen alle »Hau!«
Der Medizinmann zauberte
uns eine Häuptlingsfrau.
Der Medizinmann Eulenblick
ist gar nicht mehr verwirrt
und sagt: »Nun gratuliert, ihr Leut!
Ich hab mich nicht geirrt!«

Ein Freund wie Adlerauge

Der Unfall

Als Biberjunge und sein Freund Adlerauge heimlich in der Schlucht herumgeklettert waren, war es passiert. Ein Stein unter Biberjunges Fuß hatte sich gelöst. Er fand keinen Halt mehr und fiel. Im Fallen hatte er sich noch an einem stacheligen Busch festgehalten und sich dabei die Hände aufgerissen. Jetzt lag er ausgestreckt auf dem Rücken inmitten des Gerölls, von dem aus er hochgeklettert war. Neben ihm lag ein Teil des Busches, den er beim Fallen mit ausgerissen hatten. Seine Finger bluteten und der Rücken tat ihm weh. Aber das war nicht so schlimm.

Viel schlimmer war, dass er nicht mehr aufstehen konnte. Wenn er versuchte, sich mit seinem linken Bein aufzustützen, sackte er mit einem Schrei wieder zusammen. Biberjunge biss die Zähne aufeinander und versuchte es erneut. Wimmernd fiel er zurück auf seinen Rücken.

Immer wieder versuchte er, auf seine Beine zu kommen. Enttäuscht und verzweifelt gab er es schließlich auf. Dann rannen ihm die Tränen über das Gesicht.

Biberjunge weinte.

Jetzt erst sah ihn Adlerauge unten liegen. Adlerauge hatte es geschafft, bis oben hinzukommen und blickte nun erschrocken zu ihm hinunter.

»Du machst doch nur Spaß!«, rief er ihm zu. Weil Biberjunge aber nicht antwortete, machte er sich sogleich an den Abstieg und stand kurz darauf neben seinem Freund.

Zuerst meinte er, dass etwas Schlimmes mit den Händen geschehen wäre. Doch als er erkannte, dass Biberjunge nicht aufstehen konnte, wurde er ganz aufgeregt. Er versuchte, ihn mit beiden Händen hochzuziehen und ließ ihn sogleich wieder los, als Biberjunge laut aufschrie.

»Was jetzt?«, fragte er schließlich und blickte den Freund fragend an.

Sollte er Hilfe holen?

Die Männer waren alle unterwegs, nur die Frauen und Kinder waren im Lager. Die Schlucht lag weit hinter dem Lager. Deshalb war es allen kleinen Indianerjungen streng verboten, allein zur Schlucht zu gehen. Die beiden Freunde waren aber schon mehrmals hier und stolz auf ihr Geheimnis gewesen.

Ihre Mütter vermuteten sicher, dass sie mit den anderen Jungen unten am Bach spielten.

»Wenn ich dich mit beiden Armen stütze?«, fragte Adlerauge. Doch auch dann, als er Biberjunge von hinten aufrichten wollte, schrie er bereits wieder.

»Ich hole Hilfe!«, meinte Adlerauge endlich.

Biberjunge schüttelte verzweifelt den Kopf. Es würde Ärger geben, viel Ärger! Das wusste er genau.

»Bleibe bei mir!«, jammerte er leise. Was könnte alles passieren, wenn er jetzt ohne allen Schutz hier allein bliebe. Adlerauge war im letzten halben Jahr gewachsen. Im Winter war Biberjunge noch größer gewesen. Aber jetzt überragte ihn Adlerauge fast um einen ganzen Kopf.

»Ich trage dich!«, sagte Adlerauge endlich und fühlte sich groß und stark genug. »Hilf ein bisschen mit!«

Adlerauge biss die Zähne zusammen und keuchte, weil Biberjunge so schwer war und er ihm nicht wehtun wollte. Und Biberjunge biss die Zähne zusammen, weil es ihm trotz allem so wehtat. Doch dann gelang es dem Größeren, den Kleineren über seine Schulter zu wuchten. Behutsam und mit langsamen Schritten machte sich Adlerauge mit der schweren Last auf seiner Schulter auf den Weg zum Lager.

Gerettet

Adlerauge hatte Mühe, voranzukommen, und am liebsten hätte er Biberjunge schon nach kurzer Zeit einmal abgesetzt. Doch er traute sich nicht. Sicher würde es ihm nicht noch einmal gelingen, ihn über die Schulter zu nehmen.

Sie brauchten lange, bis sie endlich das erste Wigwam erreichten. Dort wohnte Heilende Hand, die alte weise Frau, ganz für sich allein. Alle Indianer im Lager sorgten für sie. Wenn jemand krank war, wurde sogleich Heilende Hand gerufen. Und oft konnte sie ihnen mit ihren vielen Pflanzen und Wurzeln, die sie tagaus, tagein sammelte, helfen.

Vor dem Wigwam brach Adlerauge unter seiner Last zusammen.

Da hatte Heilende Hand die beiden Indianerjungen bereits gesehen. Sie eilte herbei, nahm Biberjunges Bein vorsichtig in die Hand und besah es sich genau von allen Seiten.

Sie schimpfte nicht und fragte auch nicht, wo das passiert war. Sie packte aber den Jungen an der Schulter und zeigte Adlerauge, wie er ihn an den Beinen behutsam hochheben konnte, ohne ihm allzu wehzutun. Trotzdem wimmerte Biberjunge vor sich hin, als sie ihn zusammen in das Zelt trugen.

Es war eng im Zelt, denn überall hatte Heilende Hand die Kräuter und Wurzeln ausgebreitet, die sie in der letzten Zeit gesammelt hatte.

»Sag seiner Mutter Bescheid!«, flüsterte sie Adlerauge zu, als sie Biberjunge auf das Lager aus Fellen gelegt hatten, das direkt neben dem Eingang stand. Dann tastete sie das Bein von oben bis unten mit beiden Händen ab. Biberjunge zuckte vor Schmerz zusammen.

»Ist es schlimm?«, fragte er.

»Es wird wieder heilen!«, antwortete Heilende Hand und brachte ein paar Kräuter herbei, die sie in eine Schüssel mit Wasser tauchte und ihm dann um seinen Knöchel band.

»Es braucht alles seine Zeit!«, sagte sie bedächtig. »Aber dann wird es wieder gut!«

Dann suchte sie in ihren Vorräten nach langen geschmeidigen Lederriemen und zwei kleinen Stöcken.

Sie reichte Biberjunge ein Stückchen Leder und sagte: »Halte es zwischen deine Zähne und beiße ganz fest drauf, wenn es wehtut!«

Und es tat weh! So weh, dass Biberjunge fest und fester auf das Leder beißen musste, um nicht wieder laut zu schreien. Als bald darauf Biberjunges Mutter hereinstürzte, hatte die alte Frau bereits die beiden Stöckchen fest um das Bein gebunden.

Biberjunge lag ganz ruhig da und blickte seine Mutter voller Angst an.

Doch die Indianerfrau schimpfte nicht. Sie strich ihm über das Haar und fragte ruhig: »Kann ich ihn mitnehmen?«

Heilende Hand schüttelte den Kopf.

»Ich helfe beim Tragen!«, rief Adlerauge eilfertig. Er war hinter der Mutter ins Zelt gekommen.

»Er bleibt besser zuerst einmal hier bei mir!«, erklärte die alte Frau. »Er muss jetzt ganz ruhig liegen. Sein Knöchel ist gebrochen! Das tut noch eine ganze Weile weh und es wird einige Zeit dauern, bis er wieder richtig auftreten kann! Aber wenn der Bruch ausgeheilt ist, kann er wieder springen und wie eine Bergziege klettern!«

Sie sah kurz zu Adlerauge hin und blinzelte ihm zu. Woher wusste sie nur, dass sie in der Schlucht gewesen waren?

Biberjunges Mutter war sichtlich froh, dass nicht noch mehr geschehen war.

Als sie sah, dass ihr Junge gut versorgt war, dankte sie der alten Frau und versprach Biberjunge, am Abend wiederzukommen. Vielleicht konnte sie ihn dann mit nach Hause nehmen.

»Er braucht zwei kräftige Stöcke, auf die er sich stützen kann!«, sagte Heilende Hand noch. »Er wird in der nächsten Zeit nur mit einem Bein humpeln können!«

»Die beiden Stöcke besorge ich«, sagte Adlerauge, als sie aus dem Wigwam heraustraten.

Biberjunges Mutter nickte ihm zu und Adlerauge beeilte sich, so schnell er konnte davonzukommen. So brauchte er nicht zu antworten, wenn sie ihm vielleicht doch noch unangenehme Fragen stellen wollte.

Wo bleibt er nur?

Der Wind bläst den Staub hoch
und kann's nicht verstehen.
»Wer hat nur den kleinen
Indianer gesehen?«

Die Sonne am Himmel
fragt: »Wer sah ihn heut,
den kleinen Indianer?
Wo ist er, ihr Leut?«

Es schnaubt schon ein Mustang
und trabt hin und her.
Den kleinen Indianer
vermisst er so sehr.

Es wartet der Otter
am Bach auf dem Stein.
Der kleine Indianer,
wo kann er nur sein?

Es schnüffelt der Igel
und sucht eine Spur.
Der kleine Indianer,
wo bleibt er heut nur?

Der Adler zieht Kreise
ganz weit und ganz nah.
Der kleine Indianer
ist einfach nicht da!

»Da seht nur!«, piepst plötzlich
die winzige Maus.
»Er kriecht aus dem Wigwam
verschlafen heraus!«

Er reibt sich die Augen.
Hepp, hepp und heya!
Der kleine Indianer,
er ist wieder da!

Beeil dich, mein Freund!
Alle warten auf dich!
Der kleine Indianer
lässt keinen im Stich!

Schon flitzt der Indianer
hellwach durch das Gras.
Heut wird's wieder schön
und es gibt wieder Spaß!

Geht der Tag zu Ende

Text: Rolf Krenzer/Musik: Stephen Janetzko

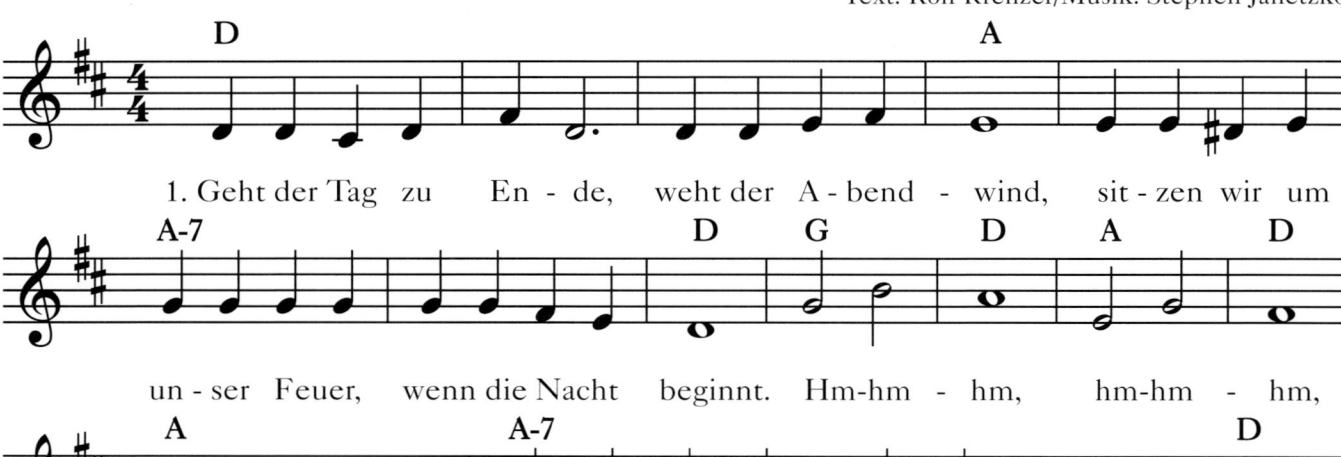

1. Geht der Tag zu En-de, weht der A-bend-wind, sit-zen wir um un-ser Feuer, wenn die Nacht beginnt. Hm-hm-hm, hm-hm-hm, sit-zen wir um un-ser Feu-er, wenn die Nacht be-ginnt.

2. Wald und Wiesen schweigen,
alles geht zur Ruh.
Nur ein Käuzchen ruft von ferne
leise noch »Huhu!«.
Hmhmhm ...

3. Raschelt's in den Büschen?
Schleicht ein Tier sich an?
Nein, kein Wolf traut sich ans Feuer
und an uns heran.
Hmhmhm ...

4. Flackern hoch die Flammen,
glüht so rot die Glut,
schau ich in das helle Feuer,
und das macht mir Mut.
Hmhmhm ...

5. Vater weiß Geschichten.
Fängt er leise an,
weiß ich, dass ich den Geschichten
immer zuhörn kann.
Hmhmhm ...

6. Spüre Mutters Arme.
Sie summt leis ein Lied.
Und ich fühl mich so geborgen,
und ich summe mit.
Hmhmhm ...

7. »Heute«, sagen beide,
»war ein guter Tag!«
Und ich bin so froh am Feuer,
weil ich das so mag.
Hmhmhm ...

Spuren suchen

Indianerjungen und Indianermädchen hatten es damals viel leichter als wir heute, Spuren zu suchen und herauszufinden, was um sie herum geschah.

Sie legten den Kopf auf die Erde und hörten, wenn zum Beispiel Pferde auf sie zuliefen. Sie hörten bereits von fern das Rauschen einer Quelle, eines Baches oder eines Wasserfalls. Sie hörten auch den Regen bereits von fern kommen.

An den umgeknickten Zweigen und am zertretenen Gras konnten sie erkennen, ob ein großes oder kleines Tier hier entlanggelaufen war.

Sie richteten sich nach bestimmten Bäumen, Hügeln oder Steinen, wenn sie sich einen Weg merken und ihn wieder finden wollten.

Sie erkannten die Vögel und großen und kleinen Tiere in der Prärie und in den Bäumen an ihren Stimmen.

Was sie um sich herum hörten, gehörte zu ihnen.

Heute ist um uns herum so viel Lärm, dass wir ihm kaum entrinnen können. Autos, Flugzeuge, Presslufthämmer, Lautsprecher und viele andere laute Geräusche, vor denen wir nicht fortlaufen können, machen uns krank.

Und doch:

Wenn du im Wald, im Garten, auf einer Wiese bist, kannst auch du Spuren finden und aufstöbern: Du musst nur ganz genau hinschauen oder hinhören.

Und das geht so: Versuche den entfernten Lärm auszuschalten.

Schließe die Augen:

lausche auf das Zwitschern der Vögel, versuche herauszufinden, was das für Vögel sind,

lausche dem Summen einer Hummel und versuche herauszufinden, in welche Richtung sie weiterfliegt, versuche, sie so lange wie möglich noch zu hören,

höre dem Regen zu unter einem Baum oder unter dem Vordach oder am Fenster,

versuche, Menschen, die du kennst, an ihren Stimmen zu unterscheiden,

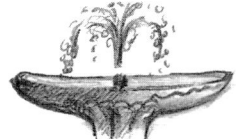

lausche dem Gesang eines kleinen Baches, einer Quelle oder eines Brunnens im Garten,

Welche Tiere waren bei dir im Garten?

Eine schleimige Kriechspur. Findest du die Schnecke?

Wer mag über das Gartenbeet gelaufen sein?

Ein Schnaufen abends im Garten. Vielleicht ein Igel?

Beobachte die winzig kleinen Krebse am Strand, die immer wieder den Sand aus der Höhle hinauswerfen, der hineingeraten ist.

Tierspuren im Schnee. Versuche herauszufinden, wer da durch den Schnee gelaufen ist.
Denke an Wege, die du kennst, zum Beispiel an deinen Schulweg oder den Weg zum Spielplatz:
Woran orientierst du dich?
Gibt es ganz besondere Punkte, die du anderen sagen kannst, damit sie den richtigen Weg finden?

Und wenn du neue Wege im Ferienort oder im Schullandheim betrittst: Woran kannst du dich orientieren? Woran erinnern dich bestimmte Gerüche?
Woran erinnern dich bestimmte Geräusche, Stimmen?

Auch du kannst Spuren finden. Aber du musst dir oft viel Mühe geben. Manche Spuren sind nur noch schwer zu erkennen. Frage die Eltern, die Großeltern und alte Leute, die noch Zeit haben, danach. Du selbst brauchst auch viel Zeit dazu! Es lohnt sich!
Vielleicht hatten es die kleinen Indianer in diesem Punkt damals wirklich leichter als wir heute.

Indianeraugen

Text: Rolf Krenzer/Musik: Stephen Janetzko

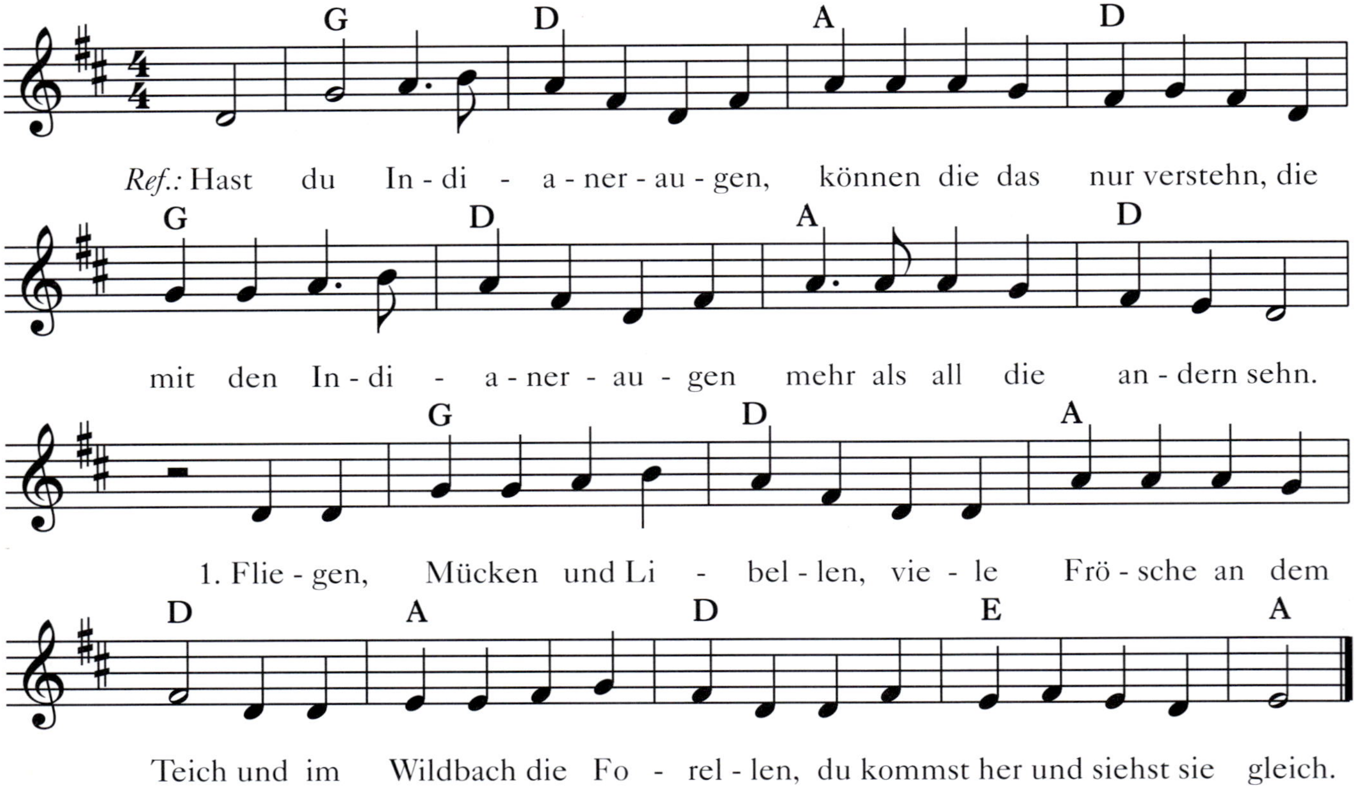
G D A D
Ref.: Hast du In - di - a - ner - au - gen, können die das nur verstehn, die
G D A D
mit den In - di - a - ner - au - gen mehr als all die an - dern sehn.
G D A
1. Flie - gen, Mücken und Li - bel - len, vie - le Frö - sche an dem
D A D E A
Teich und im Wildbach die Fo - rel - len, du kommst her und siehst sie gleich.

2. Eidechsen und kleine Schnecken,
sieben Grashüpfer sogar
lassen sich von dir entdecken.
Auch ein Salamanderpaar.

3. Kleine Enten. Mit Geschnatter
schwimmen sie gleich auf dich zu.
Selbst die scheue Ringelnatter
schlängelt sich nicht fort im Nu.

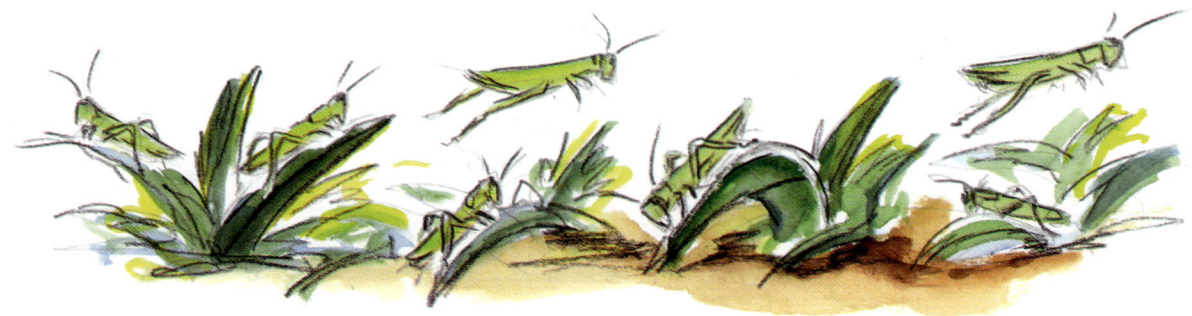

4. Auch der Zaunkönig, der kleine,
der sich sonst so gut versteckt,
kommt zu dir von ganz alleine
und du hast ihn gleich entdeckt.

5. Spinnen und ganz seltne Käfer,
Vogelkinder hoch im Baum,
Eichhörnchen und Siebenschläfer.
Andre Leute sehn das kaum.

6. Bienen, Hummeln, Schmetterlinge,
hier ein Vogel, dort ein Fisch.
Und du siehst die schönsten Dinge,
und sie warten all auf dich.

7. Du gehst leise, bleibst oft stehen,
dass sich ja kein Tier erschreckt.
Immer gibt es was zu sehen,
und du hast schon viel entdeckt.

Schluss-Refrain:
Hätt auch ich Indianeraugen,
würd ich heut schon mit dir gehn.
Lehr mich, mit Indianeraugen
unsre schöne Welt zu sehn.

Wie Silberstern einen Mustang zähmte

Immer heißt es: Noch zu klein!

Alle Indianerjungen und Indianermädchen durften im Fluss, der am Lager vorbeifloss, herumplantschen und schwimmen. Nur Silberstern nicht, weil er noch zu klein war.

»Nächsten Sommer!«, tröstete ihn seine Mutter. »Dann bist du groß genug!«
Wenn alle um das Lagerfeuer herum den großen Bärentanz tanzten, dann hielt ihn sein Vater am Arm fest. »Nächsten Herbst, wenn wir wieder auf die große Jagd gehen, dann bist du auch alt genug für den Bärentanz!«
Und als seine großen Brüder mitdurften, als die wilden Pferde eingefangen wurden, da musste Silberstern im Lager zurückbleiben und zusehen, wie er sich mit den kleinen und viel jüngeren Indianerjungen und Indianermädchen die Zeit vertreiben konnte.
»Wenn wir die Pferde zugeritten haben«, versprach ihm sein Vater, als Silberstern die wilden Pferde hinter dem Zaun bestaunte, »dann schenke ich dir ein Pferd. Es gehört dann dir allein!«
»Warum nicht jetzt schon?«, bettelte Silberstern und zog den Vater am Arm.

»Sie sind noch zu wild!«, sagte Schneller Falke ruhig. »Wir müssen die Pferde erst zähmen! Du kannst morgen zusehen.«
Und dann nahm er seinen kleinen Sohn an der Hand und ging mit ihm nach Hause. Die Mutter wartete bereits mit dem Abendessen im Wigwam.

Jetzt sollen alle staunen!

In der Nacht wurde Silberstern plötzlich wach. Er lauschte ins Dunkel hinein. Und als er von fern ein Pferd wiehern hörte, da hielt ihn nichts mehr zurück. Leise wie eine Schlange huschte er an seinen Eltern und an den Brüdern und Schwestern vorbei zum Zelteingang. Sie schliefen fest und keiner hörte ihn. Ebenso leise huschte er in die Nacht hinaus.

Da war es wieder, das Wiehern, von dem er aufgewacht war! Es musste eines der eingefangenen Wildpferde sein!

In diesem Augenblick nahm sich Silberstern vor, ein Wildpferd zu zähmen. Er würde es selbst einreiten. Und staunen, ja, staunen würden alle, wenn er morgen früh auf dem Pferd ins Lager reiten würde.

Nein, Silberstern war wirklich nicht mehr zu klein. Das sollten sie alle endlich wissen!

Etwas mulmig war ihm schon, als er dann in der dunklen Nacht plötzlich das Wiehern ganz nah hörte. Im fahlen Licht des Mondes konnte er auch den Zaun und die vielen Pferde dahinter erkennen. Er stieg vorsichtig auf den Zaun und streckte seinen Arm so weit aus, dass er das fremde Pferd direkt hinter dem Zaun mit der Hand berühren konnte.

Das Pferd blieb ganz ruhig.

»Ich zähme dich!«, flüsterte ihm Silberstern zu und stieg noch ein Stück höher.

So konnte er sich von dort aus auf seinen Rücken schwingen.

Eigentlich hatte Silberstern damit gerechnet, dass das Pferd nun mit wilden Sprüngen davonpreschen würde. Doch nichts geschah.

Es blieb ruhig stehen und setzte sich dann, als er in seine Mähne griff und darin festhielt, in Trab – direkt auf das Gatter des Zaunes zu.

Als das Pferd anhielt, sprang Silberstern von seinem Rücken und öffnete mit ein paar Handgriffen das Gatter. Das war kinderleicht!

Als er das Pferd hinausgetrieben und das Gatter hinter sich wieder verschlossen hatte, stieg er erneut auf den Zaun. Das Pferd kam willig ganz nah heran, sodass er von hier aus auch ein zweites Mal wieder aufsteigen konnte.

»Auf, mein Mustang, jetzt zähme ich dich!«, flüsterte Silberstern dem Pferd zu und schon setzte es sich in Trab. »Hopp, heya, hopp!«, feuerte der Indianerjunge das Pferd an und es lief immer schneller. Hei, war das ein wilder Ritt!

Schon manchmal hatte Silberstern mit seinem Vater reiten dürfen. Da hatte er vor ihm gesessen und Schneller Falke hatte ihm gezeigt, wie man das Pferd lenken musste. Mit Freude und Stolz erlebte Silberstern nun, dass das wilde Pferd seinen Schenkeldruck befolgte und alles tat, was er wollte.

»Ich habe dich gezähmt!«, rief er glücklich und bemerkte erst jetzt, dass er ein sehr weites Stück geritten sein musste. Die Sonne war bereits aufgegangen. Wohin Silberstern auch blickte, nichts schien ihm mehr bekannt und nirgends konnte er etwas Vertrautes um sich herum entdecken.

Da wendete er das Pferd und hoffte, es würde von selbst den richtigen Weg zurück zum Lager finden.

»Jetzt bring mich zurück, mein Mustang«, flüsterte er ihm vertrauensvoll ins Ohr, »denn ich habe dich doch gezähmt!«

Und wirklich, das Pferd gehorchte. Wie staunte Silberstern aber, als er das Lager endlich erreichte und sah, dass alles auf den Beinen war und ihn erwartete.

Je näher er kam, umso deutlicher konnte er das Gesicht seines Vaters erkennen. Und Vaters Gesicht war alles andere als freundlich.

Dumm, dass neben Vater auch noch der Häuptling Großer Bär stand. Mit bösem Blick und mit seiner ausgestreckten Hand deutete er auf ihn.

»Ich habe ein wildes Pferd gezähmt!«, schrie Silberstern überglücklich, als er auf dem Mustang neben seinem Vater anhielt.

Doch sein Vater packte ihn mit einem festen Griff am Arm und zog ihn so schnell vom Pferd herunter, dass er augenblicklich neben ihm stand.

»Das ist also mein tapferer, mutiger und kluger Sohn Silberstern!«, rief Schneller Falke und hielt den Jungen mit beiden Armen so hoch, dass alle ihn sehen konnten.

Und laut höhnend schrie der Häuptling zornig: »Seit dem frühen Morgen bin ich herumgelaufen und habe mein neues Pferd gesucht. Das wertvollste Pferd des ganzen Stammes! Ich hatte geglaubt, ein Pferderäuber hätte es heimlich in der Nacht gestohlen!«

»Seht euch nur diesen Pferderäuber an!«, schimpfte auch Schneller Falke. »Er will ein Pferd einreiten und stiehlt ausgerechnet das Pferd unseres Häuptlings!«

Dann drehte er sich so herum, dass Silberstern in eine andere Richtung blicken musste. »Siehst du die Pferde dort?«, fragte er.

»Die Wildpferde!«, antwortete Silberstern.

Da drehte sich sein Vater mit ihm nach der anderen Seite. »Und was sind das für Pferde?«, fragte er.

»Unsere Pferde!«, sagte Silberstern
kleinlaut.
»Siehst du das Pferd deines Vaters?«,
donnerte ihn Häuptling Großer Bär an.
»Dort!« Silberstern erkannte es mit
einem Blick.
»Und wo ist mein Pferd?«, fragte der
Häuptling.
»Ich habe die Zäune und die Herden
verwechselt!«, flüsterte Silberstern ver-
zweifelt.
Erst als der Häuptling davonging und
sein Pferd zurückführte, konnte Silber-
stern erleichtert aufatmen.
Schneller Falke aber stellte seinen Sohn
wieder auf die Erde, packte von hinten
seinen Hals und führte ihn so zum Zelt.
Hinter sich hörte Silberstern das
Gelächter der anderen Indianer.
»Wartet nur bis nächstes Jahr!«, flüsterte
er unter Tränen.
»Was hast du gesagt?«, fragte ihn sein
Vater, als er mit ihm ins Zelt trat.
»Nichts!«, jammerte Silberstern und warf
sich in die Arme seiner Mutter.
Da brach ihm sein Vater ein Stück von
dem Maisfladen ab und reichte es ihm.
»Du musst ja jetzt mächtigen Hunger ha-
ben!«, brummte er und lächelte bereits
wieder ein bisschen.

Pferdchen, reite weiter

Text: Rolf Krenzer/Musik: Stephen Janetzko

1. Pferdchen, reite wei - ter ü - ber die Prä - rie und dein kleiner Reiter freut sich wie noch nie, und dein kleiner Reiter freut sich wie noch nie. Jippi jip - pi ja - ja jie, jip - pi jip - pi jie, jippi jip - pi ja - ja jie, über die Prärie.

2. Pferdchen, kannst du springen?
Zeig mir's, Pferdchen, wie.
Hollahopp, wir springen
über die Prärie,
hollahopp, wir springen
über die Prärie.
Jippi jippi jaia jie,
jippi jippi jie,
jippi jippi jaia jie,
über die Prärie.

3. Pferdchen, hast du Hunger?
Hier gibt's Futter! Sieh!
Futter für mein Pferdchen
hier in der Prärie,
Futter für mein Pferdchen
hier in der Prärie.
Jippi jippi jaia jie,
jippi jippi jie,
jippi jippi jaia jie,
hier in der Prärie.

4. Pferdchen, bist du müde,
reiten wir nach Haus.
Ruhen uns bis morgen
bei der Mutter aus,
ruhen uns bis morgen
bei der Mutter aus.
Jippi jippi jaia jie,
reiten wir nach Haus,
ruhen uns bis morgen früh
bei der Mutter aus.

Drei große Feste in einem Jahr

Biberjunges Jagdfest

Zwei große Feste hatte das Indianermädchen Sonnenblume schon seit dem letzten Sommer erlebt.

Als Biberjunge zum ersten Mal mit Pfeil und Bogen mit dem Vater zum Jagen unterwegs gewesen war und seine ersten erlegten Kaninchen mit heimbrachte, feierten sie ein großes Fest. Sie luden alle Nachbarn dazu ein. Biberjunge wollte auch allen das Fohlen zeigen, das sein Vater ihm geschenkt hatte, als sie zusammen losgeritten waren.

Der stolze Indianerjunge brachte dem Medizinmann etwas von dem guten Festessen, das Biberjunges Mutter eigens für diese Gelegenheit zubereitet hatte. Zuerst gab es eine Kürbissuppe. Dann frisches Kaninchenfleisch, dazu dicke Bohnen mit Zwiebeln und Mais. Zuvor war der Vater lange unterwegs zu einem Indianerstamm gewesen, der Gemüse und Früchte anbaute. Er hatte zwei Büffelfelle gegen Mais, Bohnen und Zwiebeln eingetauscht. Er hatte Biberjunge mitgenommen. So lange war Biberjunge noch nie mit dem Vater zusammen fort gewesen.

Sonnenblumes Mokassinfest

Als Sonnenblume ihre ersten Mokassins aus Büffelleder selbst genäht hatte, feierten sie das zweite Fest.

Zuerst gingen sie alle zusammen in die Schwitzhütte. Die Mutter und die beiden Mädchen hatten sie vorher tüchtig eingeheizt. Sie saßen lange in dieser Sauna und erzählten sich alte Geschichten, die die Indianerkinder schon oft gehört hatten, aber immer wieder hören wollten. Wenn sie es vor Hitze nicht mehr aushalten konnten, liefen sie zwischendurch zu dem Fluss und badeten.

Später kochte die Mutter das Lieblingsessen von Sonnenblume, ein Gericht mit Pilzen, die sie mit ihr im Herbst im Wald gesucht und dann getrocknet hatte. Zum Nachtisch rösteten sie Puffmais in einem Topf über dem Feuer. Sonnenblume klatschte begeistert in die Hände, als die Körner mit einem lauten Knall aufplatzten.

Und alle ihre Freundinnen aus den anderen Tipis feierten mit. Zur Feier des Tages hatten sie sogar ihre Festgewänder angezogen.

Das Hochzeitsfest wird vorbereitet

Als aber der Schnee geschmolzen war, war Schneller Pfeil mit drei jungen Pferden zu ihrem Tipi gekommen und hatte nach der großen Schwester, nach Bärentochter gefragt. Und als Bärentochter zu ihm herausgekommen war, hatte er ihr zwei Pferde geschenkt und war mit dem dritten davongeritten. Am selben Tag noch war Bärentochter mit den Pferden zur Tränke gegangen und hatte sie dann auf die Weide gebracht.

Da wussten alle, dass Bärentochter den Heiratsantrag des jungen Indianers angenommen hatte und ihn bald heiraten wollte. So planten sie in diesem Jahr das dritte Fest.

Jedes junge Paar aber brauchte ein Zelt, in dem es wohnen konnte.

So halfen viele Mütter mit ihren Töchtern Bärentochter dabei, ein Zelt aus Bisonhäuten und Hirschhäuten zu nähen. Sonnenblume konnte schon fast so gut die großen Lederteile mit Tiersehnen zusammennähen wie ihre Mutter.

71

Seit sie und Bärentochter zurückdenken konnten, hatten sie bei allem geholfen, was ihre Mutter tat. Die kleinen Indianermädchen waren den ganzen Tag bei ihren Müttern im Lager und lernten von ihnen all das, was sie später einmal brauchten, wenn sie zu Indianerfrauen herangewachsen waren. Sie trockneten die Beeren und Kräuter, das Obst und das Gemüse, das sie gesammelt hatten und legten es in Töpfe aus Ton und in Holzkisten. So blieben die Vorräte lange haltbar.

Beide Schwestern hatten auch früh gelernt, mit ihren kleinen Schabemessern die Felle zu bearbeiten. Ihre Mutter arbeitete mit einem größeren Messer und half, wenn es nicht ganz gelang. Danach gerbten alle drei zusammen die Häute.

Bärentochter war inzwischen erwachsen geworden. So groß, dass sie nun bald heiraten würde. Wenn Bärentochter frisches Wasser vom See holte, dann lief Sonnenblume mit einem kleineren Wasserbeutel hinter ihr her.

Als sie die Häute zusammengenäht hatten, bemalten sie sie mit bunten Bildern. Bärentochter nähte ein Hemd und ein Paar Leggins aus Büffelleder für Schneller Pfeil. Das neue Hemd und die lange Lederhose wollte sie ihm zum Hochzeitsfest schenken.

Das ganze Dorf feiert mit

Als Bärentochter und Schneller Pfeil heirateten, feierte das ganze Dorf mit. Viele Frauen und ihre Töchter halfen, das große Hochzeitsessen zu kochen. Die Jäger des Dorfes hatten von der Bisonjagd drei große erlegte Tiere heimgebracht. Da gab es viel Fleisch für alle, dazu eine köstliche Suppe mit Gemüse und vielen kleinen Fleischstücken darin. Und dazu auf heißen Steinen gebackene Maisfladen. Später wurden große Fleischstücke am Feuer gebraten. Biberjunge schenkte dem Hochzeitspaar zwei Löffel. Er hatte sie aus dem Horn eines Bisons geschnitzt, das ihm sein Vater geschenkt hatte.

Sonnenblume hatte für Bärentochter neue wunderschöne Mokassins genäht und einen Ledergürtel für ihren Mann. Die Eltern, die Verwandten, die Freunde und Nachbarn, alle brachten dem Hochzeitspaar ihre Geschenke.

Später holten die Freunde ihre Pferde und ritten miteinander um die Wette. Und noch später, als der Medizinmann gekommen war, bemalten sich die Männer mit bunten Farben das Gesicht. Sie steckten sich ihren kostbaren Federschmuck ins Haar und tanzten im Kreis um das Feuer herum. Der Medizinmann sah zum Fürchten aus.

Er trug ein Büffelfell mit zwei Hörnern auf dem Kopf und schlug zu dem Tanz auf einer Trommel, die er in der Hand trug. Dazu sangen alle Indianer. Sonnenblume saß neben ihrer Mutter und konnte sich nicht sattsehen. Immer wieder gab es etwas Neues. Aber dann war sie doch eingeschlafen. Viel, viel später trug sie ihr Vater auf seinen Armen ganz behutsam ins Zelt.

Am nächsten Morgen rieb sich Sonnenblume erstaunt die Augen, als sie den Lärm am Festplatz hörte.

Bärentochter und Schneller Pfeil schliefen noch in ihrem neuen Tipi. Sie hatten bis zum Morgen gefeiert.

Aber jetzt waren die kleinen Indianer dran. Die Jungen hatten sich ihre Gesichter genauso wie gestern Abend die Männer mit bunten Farben angemalt und tanzten im Kreis herum.

Die Mädchen saßen mit kleinen Trommeln, die sie selbst gebastelt hatten, außen herum und trommelten und sangen dazu.

Ja, jetzt waren die Kinder dran!

Da sprang Sonnenblume blitzschnell von ihrem Lager auf, griff nach ihrer kleinen Trommel, die am Fußende lag, und lief hinaus zum Festplatz. Plötzlich hielt sie kurz an, lief zurück und holte noch ihre Puppe. Die sollte doch auch dabei sein.

74

Musizieren wie die Indianer

Eine Indianertrommel basteln

Du brauchst eine leere große runde Keksdose oder eine ähnlich große Dose mit Deckel (Pappdose, Blech- oder Plastikdose). Du kannst auch einen Eimer oder einen alten Kochtopf verwenden, den du einfach umdrehst.
Nun kannst du das Gefäß rundherum mit buntem Papier bekleben und bunte Indianermuster darauf malen oder kleben. Wenn du zum Beispiel aus Buntpapier eine Schildkröte, einen Bären, einen Adler, einen Fisch, ein Tipi oder etwas anderes ausschneidest und aufklebst, sieht es besonders schön aus.
Du kannst mit beiden Händen und mit allen Fingern trommeln, aber auch mit zwei Stöcken oder zwei Kochlöffeln aus Holz.

Jede Rassel klingt anders

Leere Limodosen kannst du auswaschen und dann mit Steinchen, Kies oder trockenen Erbsen füllen. Dann brauchst du oben das kleine Loch nur noch mit Klebeband zu verschließen, damit beim Rasseln nichts herausfallen kann. Du kannst die Dosen dann noch bunt bekleben, sodass niemand erkennt, dass sie einmal Limodosen waren.
Es gibt auch viele kleine Dosen zu kaufen, die zusätzlich einen Plastikdeckel haben, damit man sie wieder verschließen kann, zum Beispiel kleine Wurstdosen oder Erdnussbüchsen. Auch aus diesen Dosen kannst du Rasseln bauen. Ganz einfach geht es auch mit zwei leeren Joghurtbechern. In den einen füllst du etwas zum Rasseln, dann setzt du den anderen umgedreht oben drauf und klebst beide in der Mitte mit einem breiten Klebeband zusammen.
Jede Rassel klingt etwas anders. Trockene Erbsen in einer Dose klingen anders als Steine oder Kies. Weniger Steine klingen anders als viele Steine. Probiere es mit verschiedenen Rasseln aus.

Wie tanzen die Indianer?

Jagd-, Kriegs- und Festtanz um das Lagerfeuer

Text: Rolf Krenzer/Musik: Stephen Janetzko

1. Wie tan-zen die In - dia - ner den Jagdtanz vor der Jagd? Sie
ma - len das Ge - sicht sich dann mit vie - len bun - ten Far - ben an, damit es je - der se - hen kann: He hu, die In - di - a - ner zie - hen auf die
Jagd! Hugh! He hu, die In - di - a - ner zie - hen auf die Jagd! Hugh!

Wir können uns mit Fingerfarben das Gesicht, die Arme und vielleicht auch noch den Oberkörper bunt anmalen und tanzen dann die verschiedenen Tänze.

Zuerst gehen die Indianer etwas gebückt im Kreis herum. Sie stellen in ihrem Tanz dar, wie sie sich an die Tiere heranschleichen, die sie jagen wollen. Dabei stellen sie pantomimisch dar, dass sie den Pfeil in der einen Hand auf den Bogen in der anderen auflegen und die Sehne spannen.

2. Wie tanzen die Indianer
den Kriegstanz vor dem Kampf?
Sie malen das Gesicht sich dann
mit vielen bunten Farben an,
damit es jeder sehen kann:
He hu, die Indianer
ziehen in den Kampf! Hugh ...

Mit zornigen Gesichtern und geballten Fäusten stampfen nun die Indianer im Kreis herum.

3. Wie schwingen die Indianer
den Tomahawk beim Tanz?
Sie malen das Gesicht sich dann
mit vielen bunter Farben an,
damit es jeder sehen kann:
He hu, die Indianer
mit dem Tomahawk! Hugh!
He hu, die Indianer
mit dem Tomahawk! Hugh!

*Nun schwingen die Indianer sogar pantomimisch
einen Tomahawk in ihrer Hand.*

4. Wie tanzen die Indianer
den großen Friedenstanz?
Sie malen das Gesicht sich dann
mit vielen bunten Farben an,
damit es jeder sehen kann:
He hu, die Indianer
tanzen Hand in Hand! Hugh!
He hu, die Indianer
tanzen Hand in Hand! Hugh!

*Die Indianer reichen sich die Hände und gehen hin-
tereinander her und tanzen auch so miteinander.*

5. Wie tanzen die Indianer
den Festtanz zu dem Fest?
Sie malen das Gesicht sich dann
mit vielen bunten Farben an,
damit es jeder sehen kann:
He hu, die Indianer
tanzen zu dem Fest! Hugh!
He hu, die Indianer
tanzen zu dem Fest! Hugh!

*Zum Schluss reichen sich alle die Hände und tanzen
in einem großen Kreis herum. Sie laden alle, die um
sie herum sitzen und stehen, zum Mittanzen ein.*

Willkommen, Großer Adler!

Der große Bruder ist wieder da

»Häuptlingssohn kommt zurück!«, riefen die Späher, die den jungen Indianer zuerst in der Ferne entdeckt hatten. Ihr Ruf pflanzte sich fort von Mund zu Mund. Da ließ Schildkröte die Freunde mit ihrem Lederball stehen, gab dem Ball noch einen Tritt und lief so schnell er konnte seinem großen Bruder entgegen.

Seit Tagen wartete er schon auf ihn ebenso wie die Mutter. Und obwohl sich sein Vater nichts anmerken ließ, wussten alle doch, dass er sich Sorgen um seinen Sohn machte.

Häuptlingssohn war mit dem Schamanen und den anderen fast erwachsenen Indianerjungen lange Zeit zusammen gewesen und hatte die Initiation, seine Weihe zum jungen Mann, durchlaufen. Der Schamane stand ganz eng mit den unsichtbaren Geistern in Verbindung und war Medizinmann und Wahrsager zugleich. Von ihm hatte Häuptlingssohn die Geheimnisse der Natur und die Regeln erfahren, an die sich jeder Indianer halten musste.

Seine letzte Aufgabe war am schwierigsten. Er musste einige Tage ganz allein verbringen. Trinken durfte er, aber keinen einzigen Bissen essen. So war Häuptlingssohn vor mehreren Tagen davongegangen. Er wollte erst wieder zurückkommen, wenn sich ihm die Geister gezeigt hatten.

Und jetzt war Häuptlingssohn zurückgekommen!

Als Schildkröte ihn fast erreicht hatte, da spürte er, dass er ihn nicht wie früher umarmen und sich an ihn drücken konnte. Nein, sein großer Bruder war nun ein junger Krieger geworden. Dazu ein Jäger, dem man sich nicht so einfach mehr an den Hals werfen konnte.

Der große Bruder kam ihm mit festen Schritten wie ein erwachsener Mann entgegen, aber Schildkröte sah doch das Glitzern und Leuchten in seinen Augen, als er ihm zunickte.

Und dann sah Schildkröte noch etwas: Sein Bruder trug einen riesigen toten Vogel über seiner Schulter und hatte eine große Feder in seinem Haar.

»Willkommen, Großer Adler!«, sagte da jemand hinter ihm.

Als Schildkröte sich umwandte, sah er, dass er nicht allein dem Häuptlingssohn entgegengegangen war. Und es war der Medizinmann, der ihn mit seinem neuen Namen begrüßte.

Der große Bruder senkte den Kopf und Schildkröte sah in seinen Augen, wie glücklich er war.

Es war also ein Adler, den er über seiner Schulter trug. Und von diesem Adler stammte auch die prächtige Feder in seinem Haar.

Da war Schildkröte richtig stolz auf seinen Bruder.

Als sie dann zusammen zu ihrem Zelt gingen, standen seine Eltern davor. Auch die Mutter nahm ihn nicht in die Arme.

Der Vater hob die Hand und sagte feierlich: »Sei willkommen, mein Sohn! Sei willkommen, Großer Adler!«

Dann gingen sie zusammen in das Tipi hinein. Und Schildkröte wunderte sich nur, woher die Mutter all das köstliche Essen holte, das sie für diesen Tag vorbereitet hatte.

Großer Adler erzählt

Spät in der Nacht, als Großer Adler wie
früher neben seinem Bruder auf dem
Lager aus Fellen lag, da stieß ihn
Schildkröte ganz behutsam an.

»Wie war das, als du den Adler gefangen
hast?«, fragte er leise.

Zuerst schwieg Großer Adler, sodass sein
Bruder schon fürchtete, er wäre eingeschlafen.

Dann drehte er sich ganz leise zu ihm
um, sodass sie miteinander flüstern
konnten, ohne dass die anderen im Tipi
etwas davon hörten. So hatten sie es
schon getan, seit Schildkröte zurückdenken konnte.

»Zuerst habe ich ein Loch in die Erde
gegraben«, flüsterte sein Bruder. »Es war
so groß, dass ich gerade darin sitzen
konnte. Zur Tarnung, damit der Adler
mich nicht sieht, habe ich Zweige und
Hölzer bereitgelegt. Dann habe ich ein
Kaninchen gejagt.«

Schildkröte lauschte ganz aufgeregt.
Wenn er erst so alt wie sein Bruder wäre,
würde er es bestimmt ganz genauso machen.

»Ich habe das Kaninchen geschlachtet«,
erzählte sein Bruder weiter. »Ein bluti-
ges Stück Fleisch habe ich mit zu dem
Erdloch genommen, den Rest habe ich
gut versteckt. Dann bin ich in das Loch
hineingeklettert.«

»Und dann?«, fragte Schildkröte atemlos.

»Ich habe die Zweige und das Holz über
mich gelegt. Und das Stück Fleisch
dazu.«

»Und dann?«, fragte Schildkröte und hatte vor Aufregung ganz nasse Hände.

»Dann habe ich gewartet!«, flüsterte sein
Bruder.

»Du bist gemein!«

Großer Adler blies ihm ins Ohr, dass es
kitzelte. Schildkröte musste lachen. Aber
sein Bruder legte schnell den Finger vor
seinen Mund.

Da wartete Schildkröte geduldig darauf,
wie es weiterging.

»Plötzlich war der Adler über mir!«,

berichtete der Bruder. »Gerade als er sich die Beute holen wollte, sprang ich hoch und packte ihn von unten.«

»Und dann?«, flüsterte Schildkröte und fasste den großen Bruder am Arm.

»Wir haben miteinander gekämpft!« Der Bruder atmete erregt.

»Und ich habe gewonnen!«, sagte er dann.

Jetzt wagte es Schildkröte, sich doch ganz eng an den älteren Bruder zu drücken und beide Arme um ihn zu legen.

»Hat er dich nicht verletzt?«, fragte er noch.

»Ein paar Kratzer und Schrammen!« Großer Adler winkte mit der Hand ab. »Die sind fast schon verheilt!«

Beide schwiegen lange.

»Ist er jetzt dein Schutzgeist?«, fragte Schildkröte dann.

Großer Adler nickte. »Ich habe mich vorher bei ihm entschuldigt, weil ich ihn töten musste!«

Schildkröte erinnerte sich daran, dass sich sein Vater auch bei dem mächtigen Baum entschuldigt hatte, bevor er ihn fällte. Sie hatten sein Holz so nötig für den neuen Karren und für das Feuer gebraucht.

An dem tiefen Atmen merkte Schildkröte, dass sein Bruder nun doch eingeschlafen war. Er hatte ja auch sehr anstrengende Tage hinter sich.

Aber morgen, da würde er aus den Adlerfedern eine prächtige Indianerhaube anfertigen. Und Schildkröte würde bestimmt dabei sein und ihm helfen.

81

Kochen und essen wie die Indianer

Kochen mit Mais

Die Indianerfrauen bereiteten aus dem Mais schmackhafte Gerichte zu. Mais war ein sehr wichtiges Nahrungsmittel. Sie kochten die Körner in Suppen zusammen mit Fleisch, Kartoffeln und anderem Gemüse.

Andere zerrieben die Körner auf Steinplatten zu Mehl und backten auf heißen Steinen Maisfladen, die hauchdünn und so groß wie ein Teller waren. Wenn du mit deinen Eltern in einem mexikanischen Restaurant essen gehst, werden sie dir bestimmt zu deiner Mahlzeit serviert. Sie heißen Tortillas und werden dir schmecken.

Gerösteter Mais

Wenn nicht die Maiskörner, sondern die ganzen Maiskolben mit den Körnern dran gekocht waren, haben die kleinen Indianer sie in die Hand genommen und rundum mit großem Appetit abgeknabbert. Sie haben sie aber auch ins Feuer gehalten und geröstet. Gerösteter Mais schmeckt besonders gut.

Du kannst dir einen ganzen gekochten Maiskolben auf den Grill legen oder mit etwas Fett in der Pfanne braten.

Puffmais

Gib einen Esslöffel Puffmaiskörner in einen Topf, decke einen Deckel drauf und stelle den Topf dann auf eine heiße Kochplatte oder auf das Gas.

Schon bald hörst du, wie die Körner im Topf platzen.

Jetzt nimm den Topf von der Kochplatte und hebe den Deckel hoch.

Da staunst du, wie viel Puffmais es gegeben hat: Mindestens drei bis vier gehäufte Esslöffel!

Du kannst auch einen Esslöffel Puffmais in ein ¾ Liter Weckglas geben und es mit seinem Deckel schließen.

Stelle dann das Glas auf den Drehteller des Mikrowellenherdes.

Die Zeituhr stelle auf ½ Minute ein bei 600 Watt. Wenn es nicht reicht, gib noch einmal eine halbe Minute dazu.

Schließe den Herd, und nun kannst du durch das Fenster zusehen, wie die Körner platzen und dein Weckglas immer voller wird.

Jetzt musst du warten, bis es etwas abgekühlt ist.

Über den fertigen Puffmais kannst du Puderzucker streuen und alles tüchtig durchschütteln. Puffmais schmeckt aber auch ohne Zucker, einfach so oder auch mit Salz.

Kartoffeln in der Schale

Die kleinen Indianer warfen Kartoffeln ins Feuer und warteten, bis ihre Schale schwarz und die Kartoffeln darin gar waren. Dann holten sie sie mit Holzstöcken heraus, schälten sie und aßen sie mit großem Vergnügen auf.

Manche konnten es gar nicht abwarten und haben sich an den heißen Kartoffeln ein bisschen die Finger verbrannt.

Aber das gehörte dazu.

Als eure Großmütter und Großväter, eure Urgroßmütter und Urgroßväter so alt waren wie ihr, mussten viele von ihnen bei der Kartoffelernte helfen. Wenn alle Kartoffeln aus der Erde geholt waren, wurde mit Holz und den Kartoffelsträuchern ein Feuer auf dem Kartoffelacker angezündet. Jeder durfte nun in dem Feuerchen Kartoffeln gar werden lassen und verbrannte sich beim Schälen ein bisschen die Finger – genau wie damals die kleinen Indianer.

Vielleicht habt ihr einen Kartoffeltopf zu Hause. Lasst kleine frisch geerntete Kartoffeln ohne Wasser im Kartoffeltopf oder in einem Tontopf auf dem Feuer gar werden. So haben die Indianermütter damals auch schon Kartoffeln in der Schale gekocht.

Wir essen sie zu Mittag mit ein wenig Salz, mit Butter oder Quark.

Das schmeckt auch gut:

Schrubbt kleine, frisch geerntete Kartoffeln tüchtig und teilt sie in zwei Hälften. Nun streut wenig Salz und viele Kümmelkörner auf die Schnittflächen der Kartoffeln. Dann legt sie mit der bestreuten Schnittfläche nach unten auf ein Backblech, das ihr vorher ein wenig eingefettet habt und schiebt das Blech in den vorgeheizten Backofen. Lasst sie 30 bis 45 Minuten bei 180° darin backen. Sie werden mit der Schale gegessen und schmecken köstlich zu Salat und Gemüse, ganz besonders zu frischem Spargel.

Getrocknetes Fleisch

Die Indianer kannten weder Einweck-
gläser noch Tiefkühltruhe.
Sie droschen die trockenen Maiskolben
aus und füllten die Körner in große
Taschen aus Leder. Dann bewahrten sie
den Mais in Vorratsgruben tief in der
Erde auf.
Die Beeren, die sie sammelten, wurden
ebenso wie die Pilze und Kräuter, Obst
und Gemüse getrocknet und dann lange
Zeit in Tontöpfen und Kisten aus Holz
aufbewahrt.
Auch das Fleisch trockneten sie an der
Luft. So hatten sie auch noch davon,
wenn sie kein Wild jagen konnten.
Möchtest du einmal Fleisch probieren,
das an der Luft getrocknet wurde?
Bitte deine Eltern, dass sie einmal eine
kleine Portion im Restaurant bestellen
oder ein paar Scheiben an der
Feinkosttheke kaufen. Dieses Fleisch
kommt aus der Schweiz. Es heißt
Bündner Fleisch, ist »luftgetrocknet«
und wird nur in ganz dünnen Scheiben
angeboten und verzehrt.
Wenn du aufpasst, findest du manchmal
auch »luftgetrocknete« Mettwürste.

Tomaten

Tomaten schmecken am besten aus der
Hand. Das haben auch schon die kleinen
Indianer gewusst.
Wir bereiten aus Tomaten köstliche
Salate und Suppen zu und lassen sie so-
gar auf dem Grill oder in der Pfanne mit-
braten.
Aus Tomaten wird die Tomatensoße zu
Nudeln und Ketchup hergestellt. Seit die
Tomaten zu uns aus Amerika kamen,
kennen wir sie erst und wissen, wie gut
sie schmecken.

Der Büffeltanz

Text: Rolf Krenzer/Musik: Stephen Janetzko

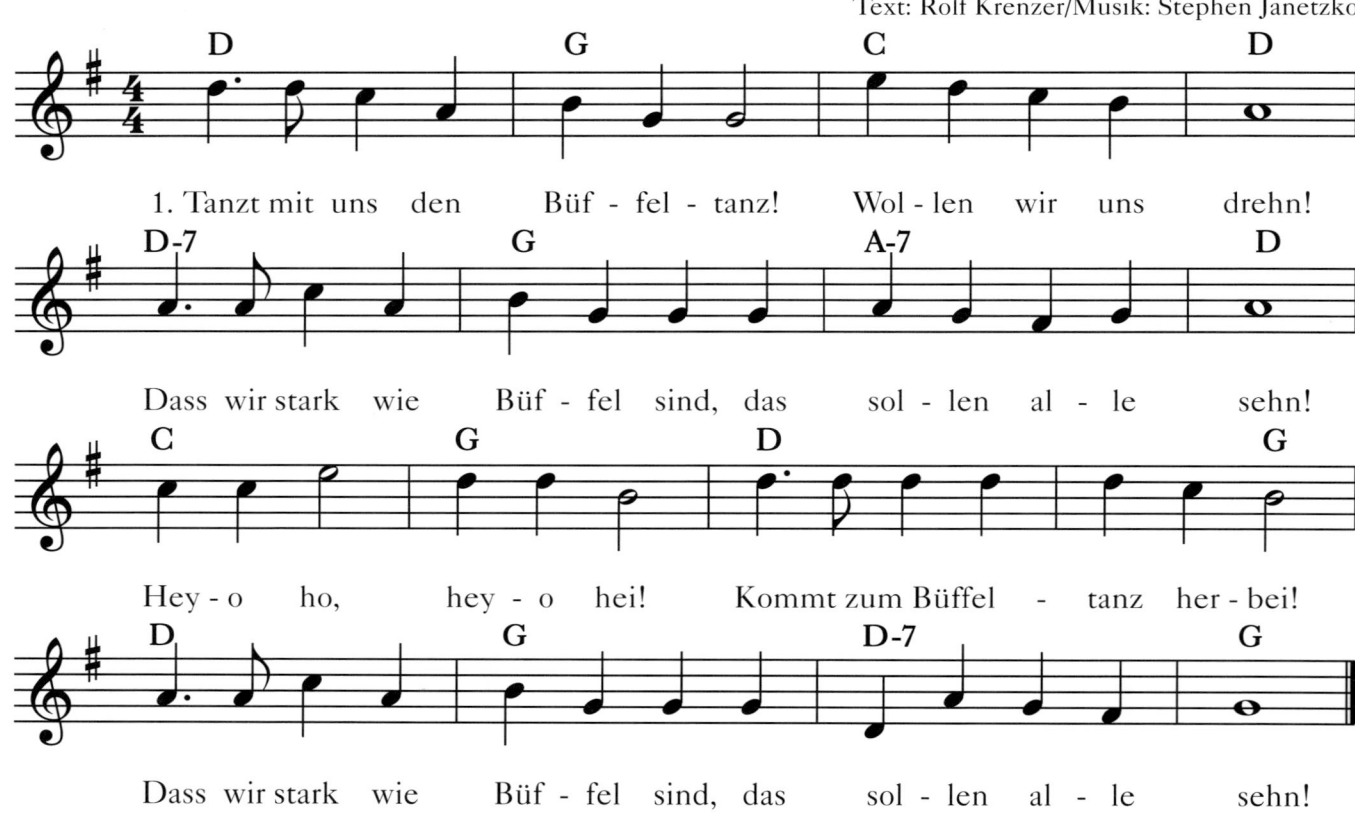

1. Tanzt mit uns den Büf - fel - tanz! Wol - len wir uns drehn!

Dass wir stark wie Büf - fel sind, das sol - len al - le sehn!

Hey - o ho, hey - o hei! Kommt zum Büffel - tanz her - bei!

Dass wir stark wie Büf - fel sind, das sol - len al - le sehn!

Wir gehen hintereinander im Kreis und zeigen unsere Muskeln. Mit unserem ganzen Körper machen wir deutlich, dass wir stark wie Büffel sind.

2. Tanzt mit uns den Büffeltanz!
Wollen wir uns drehn!
Mit den Füßen scharren wir,
das sollen alle sehn! Heyo ho, heyo hei ...

Wir scharren mit unseren Füßen. Dann laufen wir hintereinander im Kreis herum.

3. Tanzt mit uns den Büffeltanz!
Wollen wir uns drehn!
Dass wir schnell wie Büffel sind,
das sollen alle sehn! Heyo ho, heyo hei ...

Wir laufen hintereinander immer schneller im Kreis herum.

4. Tanzt mit uns den Büffeltanz!
Wollen wir uns drehn!
Dass wir schwer wie Büffel sind,
das sollen alle sehn! Heyo ho, heyo hei ...

*Wir gehen hintereinander im Kreis und stampfen so
schwer und laut wie richtige Büffel auf.*

5. Tanzt mit uns den Büffeltanz!
Wollen wir uns drehn!
Dass wir echte Büffel sind,
das sollen alle sehn! Heyo ho, heyo hei ...

*Wir laufen gebeugt hintereinander im Kreis herum.
Dazu halten wir beide Hände mit weit ausgestreckten Zeigefingern vor die gesenkte Stirn. Wir stampfen mit den Füßen auf und tanzen immer wilder.*

Pelzjäger

Vor der Büffeljagd

Die Späher hatten die große Büffelherde entdeckt.

Als sie zurück ins Dorf kamen, berichteten sie dem Häuptling, was sie gesehen hatten.

Sogleich trafen sich die Ältesten des Stammes in seinem Tipi und berieten sich mit dem alten Medizinmann.

Seit kurzer Zeit lebte Pelzjäger im Zelt des Schamanen. Er sollte einmal selbst Medizinmann werden, dann, wenn der alte Schamane in die ewigen Jagdgründe gegangen war. Der Medizinmann selbst hatte es so bestimmt. Nun gab es viel für Pelzjäger zu lernen.

»Wir werden morgen zur Büffeljagd aufbrechen!«, sagte der Alte, als er von dem Ältestenrat zurückkam. »Heute Abend werden wir den großen Büffeltanz tanzen und die Geister um eine gute Jagd anflehen.«

Pelzjäger wusste, dass er die kostbaren Fellkleider für den Schamanen zurechtlegen musste, die er für die feierliche Zeremonie brauchte. Dazu das mächtige Fell des Büffelkopfes mit den Hörnern an beiden Seiten, das seinen Kopf schmücken sollte. Er legte auch den kostbaren Schmuck aus Knochen und Türkissteinen dazu, sodass der Medizinmann alles nur noch anzulegen brauchte.

»Hast du auch dein Wolfsfell bereitgelegt?«, fragte der Alte später, als es dunkel wurde und draußen bereits das große Lagerfeuer brannte.

Die Musikanten mit ihren Flöten und Pfeifen, Trommeln und Rasseln ließen sich bereits am Rand nieder.

Der Schamane ließ sich von dem jungen Indianer beim Anziehen helfen.

Pelzjäger nickte und holte den großen Wolfspelz unter seinem Lager hervor. Es war das Fell des Wolfs, den er vor zwei Wintern erlegt hatte.

»Du musst vorsichtig sein, wenn du dich morgen an die Herde anschleichst!«, riet ihm der Schamane. »Wenn die Büffel dich entdecken und geradewegs auf dich losstürmen, hast du keine Chance.«

Pelzjäger wusste, dass er nur dann ganz nah an die Herde heranschleichen konnte, wenn sie ihn als Wolf und nicht als Indianer wahrnahmen.

Zusammen mit den anderen sechs Jägern unter Wolfspelzen wollte er sich anschleichen. Sie wollten dann versuchen, die

Büffelherde einzukreisen, so dass die anderen Jäger mit ihren Bogen und Pfeilen und ihren Speeren näher herankamen und besser treffen konnten. Würden die Büffel von allen Jägern angegriffen, dann würden auch die jungen Männer die Wolfspelze abwerfen und mit ihren Waffen auf die Tiere losgehen.

Es war oft ein Kampf auf Leben und Tod, und manch kühner Jäger war schwer verletzt später wieder heimgekommen.

Der Medizinmann war nun bereit. Mit würdevollen Schritten verließ er das Tipi und ging zu dem Festplatz.

Der Büffeltanz

Die Jäger hatten sich auch die großen Büffelmasken aufgesetzt. Sie standen um das Feuer herum und warteten auf den Medizinmann. In einem großen Kreis um sie herum saßen die Frauen und Kinder, und auch die alten Männer, die nicht mehr zur Jagd mitkamen.

Der Schamane stellte sich in die Mitte und hob beide Arme hoch. Er flehte die Geister an. Sie sollten ihnen allen einen guten Ausgang der Jagd schenken. Unbeweglich stand er da. Die anderen rührten sich nicht und sprachen kein Wort. Als der Medizinmann die Arme senkte, begannen die Musikanten zu spielen. So begann der Büffeltanz. Die Männer bereiteten sich im Tanz auf die große Jagd vor.

Auch Pelzjäger wollte mittanzen. Als er unter seinem Wolfspelz aus dem Tipi kam, stand plötzlich seine kleine Schwester vor ihm. Heimlich war sie zu ihm gekommen. Sie reichte ihm ein Lederband mit einem kleinen Schmuckstück daran.

»Es soll dir Glück bringen!«, flüsterte sie und eilte mit schnellen Schritten davon. Nachdenklich schaute Pelzjäger ihr nach. Dann lief er zu den anderen und tanzte mit ihnen den Büffeltanz.

Ab morgen wird alles anders sein

Schlechte Nachrichten

Seit langer Zeit lebten die Indianerkinder mit ihren Eltern in ihrem Stamm friedlich und fast ungestört zusammen. An einem Tag aber wurde alles anders. Als Grauer Wolf zurück zum Lager kam, waren die Männer gerade von der Jagd heimgekommen. Sie hatten einen großen Hirsch und zwei Antilopen erlegt und alle freuten sich darauf, dass nun das Fleisch verteilt werden sollte.

Kleine Sonne lief ihrem Vater entgegen und umarmte ihn.

Doch Grauer Wolf schob sie zur Seite und lief zu dem Häuptling.

»Viele weiße Männer habe ich gesehen!«, sagte Grauer Wolf so laut, dass ihn alle hören konnten. »Sie sind schwer bewaffnet. Alle tragen Pulverbüchsen, mit denen sie Krieg führen wollen!«

Dann sprach er leise mit dem Häuptling und den tapfersten Kriegern, die sich um ihn sammelten.

»Krieg gegen uns?«, fragte Biberjunge leise seine Mutter. Sie nickte traurig.

»Haben wir auch Pulverbüchsen?«, fragte Biberjunge gleich weiter.

Sein großer Bruder schüttelte den Kopf.

»Mit den Pulverbüchsen zielen sie auf uns. Dann kommt plötzlich helles Feuer aus dem Rohr der Büchse. Es knallt und ein Indianer fällt tot vom Pferd.«

»Haben wir auch Pulverbüchsen, die so knallen?«, wiederholte Biberjunge.

»Der Häuptling hat eine!« Sein Bruder nickte. »Und Schneller Hirsch hat die Zweite! Sie haben sie von dem weißen Händler, der im letzten Sommer hier bei uns im Lager war, gegen viele Felle eingetauscht.«

Er legte den Finger auf den Mund und bedeutete seinem Bruder, still zu sein. Der Häuptling wollte zu ihnen allen sprechen.

»Sie suchen einen Platz, an dem sie ein Dorf bauen wollen!«, sagte der Häuptling mit lauter Stimme. »Sie wollen unseren Platz hier haben. Es ist ein sehr guter Platz, das wissen wir alle. Im See gibt es viele Fische. In den Wäldern gibt es Tiere. Und der Platz lässt sich gut verteidigen. Er ist genau so, wie sie ihn sich wünschen.«

»Woher kennen sie unseren Platz hier am See?«, fragte der Schamane, der auch aus seinem Zelt herausgekommen war.

»Der Händler, der im letzten Sommer

hier bei uns war, hat ihnen unseren Platz verraten.«

»Wir waren alle so freundlich zu dem weißen Händler!«, sagte die Mutter leise und nahm Kleine Sonne in den Arm.

»Grauer Wolf hat den Mann wiedererkannt, der hier bei uns war!«, sagte der Häuptling. »Er ist jetzt ihr Anführer und führt sie hierher!«

»Warum verteidigen wir unser Lager nicht?«, riefen die jungen Männer und hielten ihre Pfeile und Bogen hoch.

»Grauer Wolf hat viele weiße Krieger gezählt. Viel mehr Krieger als wir sind! Und alle sind mit Pulverbüchsen bewaffnet. Wir haben nur zwei Pulverbüchsen. Mit unseren Pfeilen können wir nichts gegen sie ausrichten. Sie werden uns alle töten!«

Biberjunge spürte, wie es ihm kalt über den Rücken lief.

»Sie werden noch einen halben Tag brauchen, bis sie hier sind!«, rief Grauer Wolf. »Sie haben damit begonnen, ihr Schlaflager aufzubauen. Vielleicht kommen sie erst morgen früh!«

Der Häuptling hob die Hand.

»Packt alles zusammen!«, rief er. »Wir brechen noch heute Abend auf!«

»Wohin?«, fragte Biberjunge so laut, dass der Häuptling es hörte.

Er nickte ihm zu. »Wir suchen uns ein neues Lager!«

»Finden sie uns dort nicht?«, fragte Biberjunge seinen Vater. Grauer Wolf schüttelte den Kopf. »Aber nun müssen wir ganz schnell unser Tipi abbauen und alle unsere Sachen verpacken!«

91

Der Aufbruch

So wie alle anderen liefen sie zu ihrem Zelt. Sie waren schon mehrmals mit ihren Tipis umgezogen. Sie mussten immer wieder neue Lagerplätze finden, von denen aus sie die Bisonherden erreichen und die Bisons jagen konnten. So zogen die Indianer mit ihren Zelten immer hinter den großen Bisonherden her. Aber noch niemals waren sie mit dem ganzen Dorf geflüchtet. Noch niemals hatte sie jemand mit Pulverbüchsen bedroht.

Vater und Mutter lösten die bunt bemalten Bisonhäute von den Zeltstangen, die zu einem Kreis zusammengestellt waren. Biberjunge, sein großer Bruder und seine Schwester Kleine Sonne legten sie sorgfältig zusammen und packten sie auf den Karren, der hinter dem Tipi gestanden hatte. Sie beluden ihn mit allem, was sie hatten. Ihre Felle, ihren Schmuck und Kleider, ihre Töpfe und Werkzeuge. Dazu kamen alle Vorräte, die sie noch hatten. Auch große Stücke Fleisch, die nach der Jagd von den Jägern noch schnell verteilt wurden.

Die Mutter nahm das Baby in seiner Trage auf den Rücken und der Vater holte die Pferde von der Weide und spannte sie vor den Karren.

Als Kleine Sonne sich umschaute, stand kein einziges Tipi mehr.

Das war so traurig, dass sie laut zu weinen anfing.

Ihre Mutter tröstete sie. »Wecke das Baby nicht auf!«, sagte sie. Sie suchte in ihrer Tasche und holte die kleine Puppe heraus, die Kleine Sonne immer beim Schlafen im Arm hatte. Die Mutter hatte sie selbst einmal aus Lederresten für sie genäht. In der Aufregung hätte Kleine Sonne sie fast vergessen. Aber nun nahm sie sie dankbar in ihren Arm und konnte wieder ein bisschen lächeln. »Komm!« sagte die Mutter leise und nahm Kleine Sonne an der Hand. »Wir müssen die ganze Nacht hindurch gehen. Und morgen und die nächste Nacht auch noch!«

»Weißt du, wohin wir gehen?«, fragte Biberjunge.

»Am Fluss entlang, immer weiter und weiter!«, antwortete Grauer Wolf. »Dort gibt es genug Platz für uns. Auch einen Platz, wo sie uns nicht finden!«

»Kennst du den Platz?«, fragte Biberjunge.

»Der Häuptling kennt ihn!« Die Stimme des Vaters klang beruhigend. »Er hat ihn vor langer Zeit entdeckt, als er viele Wochen unterwegs war und den großen Bären jagte. Er hat uns schon oft davon erzählt. Der Häuptling wird uns führen!«

»Werden wir wieder Bisons jagen?«, fragte Biberjunge.

Grauer Wolf nickte. »Wir werden neue

Jagdgründe finden. Und wir werden dort glücklich sein!«

Vertrauensvoll legte Kleine Sonne ihre Hand in die große starke Hand ihres Vaters, als sie dann zusammen mit allen anderen aufbrachen.

Mutter nahm das Baby in seiner Trage auf ihren Rücken. Biberjunge lief vor ihnen her.

Es war noch hell. Doch der Mond stand bereits am Himmel. Bald schon würde die Nacht hereinbrechen.

Zu den Geschichten dieses Buches

In diesem Buch hast du Geschichten, Gedichte und Lieder von Indianermädchen und Indianerjungen gelesen, die etwa so alt sind wie du. Du hast erfahren, warum einige von ihnen ganz andere Namen tragen und welche Abenteuer sie erleben.

Alle Geschichten spielen in der Zeit, als den Indianern noch ihre Jagdgründe und ihr Land gehörten. Es gab Indianerstämme, die Wald rodeten und Felder anlegten, auf denen sie Obst und Gemüse zogen, zum Beispiel Mais, Bohnen, Tomaten und Kartoffeln. Es gab sogar Indianervölker im Süden, die große Städte mit mächtigen Pyramidentempeln bauten und ihre Fürsten und Könige hatten. Andere Stämme lebten nur von der Jagd und zogen hinter den Bisons her, die wild und ungestüm waren und bis zu 1000 Kilogramm wogen und ihnen die Jagd oft sehr schwer machten. Es gab damals unendlich viele Bisons und sie lieferten ihnen alles, was sie brauchten: Fleisch und Felle, aus denen sie ihre Kleider und Tipis anfertigten. Aus den Hörnern entstanden Becher und Löffel. Mais und Bohnen und was sie sonst noch brauchten, tauschten sie gegen Bisonfelle bei anderen Indianerstämmen ein.

Die Indianer, von denen ich erzähle, hatten noch wenig Berührung mit den weißen Männern, die gekommen waren, das Land zu erobern. Aber etwas hatten damals die Indianer bereits von den Weißen übernommen: die Pferde. Feuerwaffen hingegen waren noch sehr selten. Sie jagten wie seit jeher mit Pfeil und Bogen.

Die Indianer in diesen Geschichten lebten am Rande der Prärie. Sie lebten von der Jagd, bauten aber auch Gemüse und Obst an, mahlten Mais und Eicheln zu Mehl, aus dem sie flache Fladen backten. Sie konnten Töpfe aus Ton formen und brennen und darin schmackhafte Mahlzeiten zubereiten. Viele Gemüsesorten und anderes mehr ist von den Indianern zu uns nach Europa gekommen: Kartoffeln und Mais, Tomaten und Paprika und der Tabak, den sie einst in ihren Friedenspfeifen zu besonderen Anlässen rauchten. Leider haben wir nie gelernt, maßvoll damit umzugehen. So ist das Rauchen zu einer Sucht geworden, die viele Menschen krank macht.

Die Indianer glaubten, dass alle Menschen und Tiere, Pflanzen und Berge Kinder eines einzigen großen Geistes sind. Deshalb achteten sie Tiere und Pflanzen und alles, was sie um sich herum erlebten und sahen. Jeder Stamm hatte einen Schamanen, einen

Medizinmann, der ihnen erklärte, was der große Geist von ihnen wollte und wofür sie ihm mit ihren Liedern und Tänzen danken sollten. Bei manchen Stämmen hatte der große Geist einen Namen: Manitu.

Was ich von den kleinen Indianermädchen und Indianerjungen in den Geschichten erzählt habe, kann so oder ähnlich gewesen sein. Die kleinen Indianer haben fröhliche und traurige Dinge erfahren und erlebt wie alle Kinder damals und heute. Sicher war manches ganz anders als bei euch, manches aber auch sehr ähnlich. Ebenso wie ihr wurden sie von ihren Eltern geliebt und lernten, nach und nach ihre Umwelt für sich zu erobern.

Sie ahnten noch nicht, dass immer mehr Menschen aus Europa nach Amerika kommen würden und dort eine neue Heimat suchten, aber auch Reichtum und Macht. Mit Waffengewalt nahmen sie das Land, das nun sie besitzen wollten, den Indianern fort, denen es rechtmäßig gehörte.

Die weißen Eroberer bauten Eisenbahnschienen quer durch das Land und hatten nach einiger Zeit mit ihren Feuerwaffen die Bisons – es waren mehr als 50.000 Tiere – ausgerottet.

Damals wurden auch ungezählte Indianer Männer, Frauen und Kinder von den weißen Eroberern umgebracht. Die Indianer hatten keine Chance gegen die Überlegenheit der Weißen.

Fast alle Indianerstämme wurden vernichtet, ausgerottet. Alle Versprechen, die ihnen vorher gegeben worden waren, galten nichts mehr.

Die Indianer, die überlebten, wurden aus ihrem Land vertrieben und rechtlos in großen Reservaten eingesperrt. Viele verhungerten, ebenso viele kamen aus Verzweiflung um. Indianer, die vorher weder Whisky noch andere alkoholische Getränke kannten, wurden durch gewissenlose weiße Händler zu Trinkern, die am Ende elend daran umkamen.

Die Urenkel der Indianer leben noch immer in den Reservaten. Aber sie beginnen damit, immer stärker für ihre Rechte zu kämpfen. Viele Amerikaner unterstützen sie dabei.

Rolf Krenzer

Bücher von Rolf Krenzer für die ganze Familie

Als nachts das Kätzchen zu uns kam

Geschichten und Spiele, Gedichte und Lieder von Kindern und Tieren.
96 Seiten, meist vierfarbig illustriert von Irmtraud Guhe.

ISBN 3-7707-3046-1

Ich freu mich auf die Weihnachtszeit

Geschichten, Gedichte, Rezepte und Spiele für die Weihnachtszeit und die langen Winterabende um Weihnachten herum.
96 Seiten, meist vierfarbig illustriert von Irmtraud Guhe.

ISBN 3-7707-3011-9

Ellermann Verlag